Heidrun Derks

Gefahr auf See – Piraten in der Antike

Heidrun Derks

Gefahr auf See
Piraten in der Antike

VARUSSCHLACHT IM OSNABRÜCKER LAND
MUSEUM UND PARK KALKRIESE

THEISS

Die Deutsche Nationalbibliothek verzeichnet diese Publikation in der Deutschen Nationalbibliografie; detaillierte bibliografische Daten sind im Internet über: http://www.dnb.de abrufbar.

Der Konrad Theiss Verlag ist ein Imprint der WBG.

Die Herausgabe des Werkes wurde durch die Vereinsmitglieder der WBG ermöglicht.
Lektorat: Amelie Soyka, Köln
Satz: Ronald Kolb, Volker Schartner (Biotop 3000), Stuttgart, Berlin
Einbandabbildung: Gabriele Dlubatz unter Verwendung des Reliefs »Odysseus beim Passieren der Insel der Sirenen« © lessingsimages.com
Einbandgestaltung: Jutta Schneider, Frankfurt am Main
Karten: Peter Palm, Berlin, Kartengrundlage: NASA/Goddard Space Flight Center, Scientific Visualization Studio

Gedruckt auf säurefreiem und alterungsbeständigem Papier
Printed in Germany

Besuchen Sie uns im Internet: www.wbg-wissenverbindet.de

ISBN 978-3-8062-3313-1

Inhalt

Ein Wort vorweg

»Die Seeräuberei ist von jeher betrieben worden und wird stets betrieben werden, solange die menschliche Natur dieselbe bleibt«
CASSIUS DIO, RÖMISCHE GESCHICHTE 36,20,1

Es klingt ernüchtert, geradezu desillusioniert, aber Cassius Dio (163–229 n. Chr.), der griechische Politiker und Geschichtsschreiber, hat natürlich recht: Seeräuber hat es immer gegeben. Warum verwundert uns das eigentlich? Auch an Land gab es zu jeder Zeit Diebe, Räuber, Kriminelle. Warum sollten diese vor dem Meer zurückschrecken? Entscheidend war doch nur, dass es sich lohnte. Ein Raubüberfall, ob zu Wasser oder an Land, war schließlich stets mit Risiken verbunden. Dennoch unterscheidet Seeräuber etwas Wesentliches von Wegelagerern, Taschendieben, Räubern und all jenen, die es auf das Hab und Gut anderer abgesehen haben: Seeräuber können nicht einfach losziehen, und vor allem nicht alleine: Sie brauchen ein Schiff und eine Besatzung, die über seemännische Erfahrung, kriminelle Energie und Skrupellosigkeit verfügen muss. Der Einstieg in das Gewerbe ist also mit gewissen Hürden und überdies mit beachtlichen Investitionen verbunden. Schon dies lässt vermuten, dass Seeräuber keine gewöhnlichen Diebe sind.

Diese Feststellung zielt allerdings nicht auf ihr Image und auf die dank Hollywood ebenso vielfältigen wie irreführenden Assoziationen von Abenteuer, Leidenschaft und Freiheitskampf, sondern tatsächlich auf ihr Tun. So kann an Land auch ein Einzeltäter »beachtliche Erfolge« erzielen und größere Raubüberfälle erfordern hier gleichfalls Vorbereitung und Organisation sowie entsprechend der Größenordnung weitere Mitstreiter und spezielles Werkzeug. Doch was ist das schon im Vergleich zur Piraterie? Dagegen ist Piraterie eine Spielart der Bandenkriminalität und eine Form des organisierten Verbrechens, dessen Arm zuweilen in die Wirtschaft, in die Politik und bis in die höchsten Kreise reicht. Für die Seeräuber der Gegenwart und frühen Neuzeit gilt dies zweifellos – doch wie sah es in der Antike aus? Welche Rolle spielte Piraterie in der phönizischen, griechischen und römischen Welt?

Zu allen Zeiten gab es die »kleine Piraterie« – der Seeraub, der aus Not geschah oder weil sich schlicht die Gelegenheit bot oder weil direkt vor der Küste ein Schiff untergegangen war und dessen Ladung ohnedies herrenlos auf dem Meer herumschwamm. Sie mag das Leben der Küstenanrainer zeitweise in erheblichem Maße mitbestimmt haben, sorgte allerdings nur selten für Schlagzeilen. Doch ob »groß« oder »klein«, Seeräuber selbst hinterließen kaum Spuren, von den meisten kennen wir nicht einmal die Namen. Sie verfassten keine Memoiren, erhielten weder pompöse Grabmäler, Büsten oder Porträts noch Nachrufe von Kollegen oder Freunden. Es waren immer andere, die über sie schrieben – Historiker, Politiker, Philosophen oder Romanciers, und sie alle verfolgten mit ihren Schilderungen bestimmte Absichten. Sie wollten aufklären, anklagen, abschrecken, anfeuern, rechtfertigen, warnen und oft genug auch unterhalten. Das Bemühen um Objektivität war selten und die Schilderung folglich immer abhängig vom Standpunkt und der Perspektive.

Das Wort Pirat kommt übrigens aus dem Griechischen und leitet sich ab von *peiran* für erproben, suchen oder wagen und von *peira* für Wagnis, Unternehmen und Überfall. Für den Räuber oder Plünderer auf See gab es ab dem 5. Jh. v. Chr. in der griechischen Sprache mehrere Worte – *leistes, katapontistes, peirates. Peirates* gelangte über das lateinische *pirata* in unseren Wortschatz.

Auch die deutsche Sprache kennt mehrere Begriffe für den Raub auf See: Pirat, Seeräuber, Kaperer oder Freibeuter. Sie werden vielfach synonym verwendet, bezeichnen indes unterschiedliche Spielarten des Seeraubs. Längst nicht jeder Seeräuber überfiel Schiffe sozusagen als Privatunternehmer aus reiner Habgier oder Raublust. Oft genug gab es hierfür einen Auftraggeber. Ab dem 12. Jh. wurden hierfür sogar offizielle Kaperbriefe üblich. Diese »Freifahrtscheine« wurden von höchster Stelle ausgestellt – dem Herrscher, dem König (der Königin) oder dem Staat. Der Kaperbrief machte den Seeräuber pro forma zu einem Marinemitglied mit besonderer Zuständigkeit und erlaubte ihm innerhalb eines bestimmten Zeitraums, meist die Dauer eines Handelskrieges, die Schiffe der Feinde zu überfallen. Überdies wurde dem Inhaber des Kaperbriefes Schutz und Hilfe in den Häfen des Ausstellers zugesichert. An die Gegner ging die Bitte, den Kaperer bei Gefangennahme wie einen Kriegsgefangenen und nicht wie einen Seeräuber zu behandeln. Diese Bitte erfüllte sich meist nicht. Erst 1865 wurde die Kaperei als Form der Seekriegsführung durch die Pariser Seerechtskonvention offiziell abgeschafft. Außer in den Insel- und Küstenwelten Asiens kam es daraufhin in allen übrigen Meeren zu einem schlagartigen Rückgang der Piraterie.

Im Gegensatz zum Kaperer, dessen Erlaubnis zeitlich begrenzt war, hatte der Freibeuter keinen offiziellen Auftrag. Sein Tun wurde jedoch von obersten Stellen ausdrücklich geduldet und die dadurch ausgelösten Kleinkriege billigend in Kauf genommen, solange man nicht selbst zu Schaden kam oder eigene Streitkräfte einsetzen musste.

Die Grenzen zwischen »echten« Seeräubern, Söldnern, erweiterten Kampftruppen und Auftragskriminellen verliefen im wahrsten Sinne fließend und ein Wechsel von der einen zur anderen »Berufsgruppe« war problemlos möglich. In Homers Epen waren Seeräuber noch keine Kriminellen und Piraterie nicht unbedingt ein Verbrechen. Doch schon zu seinen Zeiten begegnete man Seeräubern mit gemischten Gefühlen. Bei aller Bewunderung für Helden wie Odysseus wusste man doch nur zu gut um die Kehrseite dieser Beutezüge – das Leid der Überfallenen, Beraubten und Entführten. Piraterie war (und ist) ein beliebtes Thema für Abenteuerepen und Liebesdramen, doch sie war (und ist) vor allem brutale Realität. Unser Piratenbild sieht hingegen dank Long John Silver, Captain Hook und Jack Sparrow meist anders aus. In diesem Sammelsurium aus Skurrilem, Glamour und Erotik, gewürzt mit Kaltschnäuzigkeit und einer Prise Gewalt, begegnen uns kantige, aber eigentlich ganz liebenswerte Raubeine, Grantler mit Holzbein oder Papagei, einäugige, säbelrasselnde Zyniker und augenaufschlagende Verführer à la Errol Flynn, Burt Lancaster und Johnny Depp. Dabei geben leibhaftige Seeräuber wenig Anlass zur Verklärung. Sie waren nicht, wie Johnny Depp mal leichthin formulierte, »die Rockstars ihrer Zeit« oder die Robin Hoods der Meere, also Sozialbanditen im Dienst der Armen. Und die wenigsten von ihnen brachten es wie Francis Drake zum Sir und zum ruhmreichen Piraten der Königin. Den meisten winkte ein früher Tod.

Als »Blütezeit« der Piraterie gelten Mittelalter und Neuzeit, verbunden mit Namen wie Klaus Störtebeker, Sir Francis Drake, Henry Morgan, William Kidd, Anne Bonny, Blackbeard oder Bartholomew Roberts. Wie aber hießen die Seeräuber der Antike? Was brachte sie zum Seeraub und auf welche Beute hatten sie es abgesehen?

Ab dem 2. Jahrtausend v. Chr. entwickelte sich der Mittelmeerraum zu einem vitalen und innovativen Wirtschafts- und Verkehrsraum, begleitet und angespornt von einer kulturellen Dynamik, die unzählige Zivilisationen und Erfindungen wie die Schrift, Konzepte wie die Demokratie und Technologien, Kunstwerke sowie Architektur hervorbrachte, die wir noch heute bewundern. Dies alles vollzog sich indes nicht konfliktfrei. Ein Störfaktor waren Piraten – und das nicht nur für Handel und Wirtschaft, sondern auch für die Gesellschaft und die Politik. Aber wie waren die Piraten der Antike organisiert? Was war ihr Ziel? Wer waren ihre Auftraggeber?

In den folgenden Kapiteln gehen wir diesen und vielen weiteren Fragen wortwörtlich auf den Grund. Gerade die moderne Unterwasserarchäologie liefert mit ihren Untersuchungen antiker Wracks Einblicke zum antiken Schiffbau sowie zu Seefahrt und Handel, also zum konkreten Arbeitsumfeld damaliger Seeräuber. Will man die Ursachen antiker Piraterie verstehen, muss man deren Umfeld beleuchten, den Kontext, der sie hervorbrachte, die Triebkräfte, die sie beförderten, und die Umstände, die sie duldeten. So ist die Suche nach den Ursachen und der Geschichte der Piraterie in der Antike eine Spurensuche rund um das Mittelmeer und zugleich eine Zeitreise, die in der Bronzezeit des 2. Jahrtausends v. Chr. im Osten beginnt und mit dem Aufstieg Roms und der Machtübernahme durch Kaiser Augustus um die Zeitenwende im Westen endet.

Burt Lancaster und Nick Cravat in *Der Rote Korsar* (1952).

Das Klima des Mittelmeerraums gilt als gemäßigt – ein überwiegend freundlicher Himmel, keine Gezeiten, kein Nebel. Doch bei genauerem Hinsehen offenbaren sich gravierende Unterschiede. So ist das Mittelmeer im Winter das stürmischste Meer Europas. Die nordwestliche Ecke gilt sogar als die sturm- und orkanreichste Region der Welt mit Winden bis zur Stärke 8 und meterhohen Wellen.

Im Sommer legen sich die Stürme. Die sommerlichen Brisen können zwar zuweilen stärker ausfallen, halten jedoch meist nicht lange an. Ansonsten weht in den Sommermonaten über weite Teile hinweg Nordwestwind. Die windigste Region ist dann der Golf du Lion, westlich von Marseille, und einzelne Bereiche in der Ägäis. Auch in der Meerenge zwischen Sizilien und Tunesien sowie zwischen Kreta und Peloponnes stürmt es gelegentlich. Dagegen herrscht an der Ostküste Spaniens, um die Balearen, an der nordafrikanischen Küste und der Levante vielfach Flaute.

In direkter Küstennähe, an Steilküsten oder Berghängen droht zuweilen Gefahr durch heftige Fallwinde und stark drehende Winde. Vorgebirge, wie sie an der Küste Lykiens häufig auftreten, erweisen sich aufgrund der in ihrem Umfeld tückischen Strömungen und Winde für die Schifffahrt als Gefahrenzone, ebenso die starken Strömungen in den Meerengen.

Auf hoher See

Die antiken Schiffe wurden von Menschenhand oder mit Windkraft fortbewegt, ein Kreuzen gegen den Wind war nur in eingeschränktem Maße möglich. Wegen der saisonalen Winde und Strömungen mussten die Seefahrer deshalb unterschiedliche Routen für Hin- und Rückfahrt nehmen. Beispielsweise ließ sich im Sommer bequem von Griechenland oder Italien nach Ägypten segeln, der Rückweg hingegen gestaltete sich wegen der vorherrschenden Nordwestwinde sehr viel schwieriger. Im Frühling konnte man problemlos in den Osten des Mittelmee-

Rund 55% der mittelmeerischen Küsten sind schroff und felsig. Im Hinterland erheben sich vielfach eindrucksvolle aber gleichfalls karge Gebirgszüge.

res segeln. Auf dem Rückweg im Herbst empfahl sich allerdings der Umweg nach Westen über Zypern. Einzelne Routen, wie die Strecke von Osten nach Westen – von der östlichen Inselgruppe Dodekanes nach Kreta – konnten sogar nur an wenigen Tagen im Jahr gesegelt werden. Aufgrund der Strömungen und der Winde etablierten sich wahrscheinlich schon früh feste Seestrecken, wie zum Beispiel die »Metallroute« von Zypern in den westlichen Mittelmeerraum.

Fernrohr und Kompass gab es noch nicht. Stattdessen orientierten sich die Seeleute am Sonnenstand, den Küstenlinien, den Bergen und des Nachts an den Sternen. Waren Fahrten über das offene Meer oder Nachtfahrten unumgänglich, zum Beispiel auf der Fahrt von Kreta nach Nordafrika, wählte man Vollmondnächte mit klarer Sicht. Ansonsten liefen die Schiffe des Abends meist die Küste an und verbrachten die Nacht an Land. Von November bis März ruhte der antike Schiffsverkehr. In dieser Zeit drohten Winterstürme oder schlechte Sichtverhältnisse und ein bewölkter Himmel erschwerten die Navigation. Doch wenn die Wetterverhältnisse es zuließen, wagte man sich auch im Winter aufs Meer. Historischen Überlieferungen zufolge wurde Ägypten von der syrischen Küste aus vorzugsweise zwischen Oktober und Dezember angelaufen und zwischen Rhodos und Ägypten bestand ganzjähriger Schiffsverkehr. Und die in römischen Zeiten kursierende Formulierung vom *mare clausum*, dem im Winter geschlossenen Meer, war wohl eher Empfehlung als Anordnung.

Küsten dienten der antiken Seefahrt nicht nur zur Orientierung. Aufgrund der Enge an Bord war abends meist Landgang angesagt, um zu kochen, zu schlafen und die Vorräte an Trinkwasser aufzufüllen.

Wer heute mit der Fähre über das Mittelmeer reist, hat meist in wenigen Stunden sein Ziel erreicht. Das war in vorchristlicher Zeit anders. Die Schiffe waren weitaus weniger verlässlich, an Bord war man der Natur nahezu schutzlos ausgeliefert und die Reisen dauerten nicht Stunden, sondern Tage oder Wochen. Laut

Homer benötigte man für die Strecke von Kreta nach Ägypten bei günstigem Wind fünf Tage. Plinius berichtet von zwei Tagen für die Strecke Ostia–Kap Bon (Tunesien), sechs Tage für Ostia–Alexandria und sieben Tage für die Strecke Ostia–Cádiz. Doch wenn man Pech hatte, musste man warten, bis die Winde wieder günstig standen, und dann konnte die Fahrt von Spanien nach Italien, wie Strabon berichtet, ebenso drei Monate dauern.

Aus fernen Ländern

Der entscheidende Impuls und Motor für die Entstehung der Schifffahrt und des Seehandels waren die Ressourcen. Meerestiere gab es allerorten in Hülle und Fülle, aber der Anbau von Getreide war nur in vergleichsweise wenigen Regionen möglich, ebenso die Kultivierung und Produktion von Öl und Wein. Angesichts der ab dem 3. Jahrtausend zunehmenden Besiedlung der Küsten bestand ein erhöhter Bedarf nach Bauholz. Doch selbst dies gab es nicht überall und gerade Langhölzer, wie sie im Schiffbau in Massen gebraucht wurden, waren vergleichsweise selten. Große Vorkommen gab es unter anderem in Thessalien, Makedonien, Kilikien, im Libanon und in Süd- und Mittelitalien. In Ägypten, dem über Jahrtausende mächtigsten Entwicklungsmotor der Region, fehlte dieser Rohstoff indes. Des Weiteren kurbelte der enorme Bedarf an Metallen den Seehandel an, zunächst galt das Interesse Kupfer und Zinn, den Hauptbestandteilen von Bronze, später ging es um Eisen. Auch Metallvorkommen war begrenzt. Die wichtigsten Abbauzentren waren Spanien, Etrurien, Sardinien und Zypern, geringere Vorkommen gab es zudem auf dem griechischen Festland und einigen weiteren Inseln. Das für die Bronzeherstellung benötigte Zinn war im Mittelmeerraum eine Rarität und kam im näheren Umkreis lediglich im Osten des Taurusgebirges (Türkei) vor. Die Bezugsquellen für Gold lagen im ägyptischen Raum sowie in Anatolien, im Kaukasus und im Nordwestiran. Silber konnte gleichfalls aus Anatolien oder von den Kykladen beschafft werden.

Der Wohlstand stieg und mit ihm das Präsentationsbedürfnis der Eliten. Herrscher versicherten sich ihrer Freundschaft durch kostbare Geschenke oder ließen sich von ihren Alliierten und Untergebenen Schutz und Nichtangriffspakte gut bezahlen. Die reiche Kundschaft gierte nach feiner Keramik, kostbarem Schmuck, Exotika und Spezialitäten aus fernen Ländern. Der Seehandel wurde ein lohnendes Geschäft mit wirtschaftlicher, vor allem aber mit politischer Bedeutung. Doch er deckte nicht nur Bedürfnisse der Luxusklasse. Hauptsächlich ging es um Rohstoffe, Baustoffe und Nahrungsmittel, allen voran Getreide. Getreidelieferungen sicherten in einigen Zentren das Überleben und das nicht nur bei kurzzeitigen Versorgungsengpässen, sondern dauerhaft. Es entstanden Abhängigkeiten. Bei Streitigkeiten und Konflikten wurden Handelsblockaden zum beliebten Droh- und Druckmittel.

Anfangs erschien das Meer dem antiken Menschen wohl als unendlich: eine Wassermasse, die weiter reichte, als das Auge sah, die sich bei Sturm in ein wildes Tier verwandeln konnte, das binnen Sekunden alles verschlang und hinab in die Tiefe zog. Im Meer walteten geheime Kräfte, lebten Ungeheuer jenseits aller Vorstellungskraft, herrschten die Götter. Das Meer flößte Angst ein, zugleich weckte es Neugier und Abenteuerlust. Bezwingen konnte man es zwar nicht, aber mit immer besseren Kenntnissen und Schiffen lernte man, den Tücken der Natur zu trotzen. Schon ab dem 2. Jahrtausend v. Chr. waren neue Gefahren im Anzug, die mindestens so lebensbedrohlich waren wie Untiefen, Unwetter oder Ungeheuer. Die eine war die Politik, die andere die Piraterie.

Die Anfänge – Piraterie im Osten

»Denn Minos war der älteste Gründer einer Seemacht ... er beherrschte nämlich den größten Teil des hellenischen Meeres und gebot über die kykladischen Inseln ... auch vernichtete er ... die Seeräuberei, soweit er konnte, damit ihm die Einkünfte umso eher eingingen«

THUKYDIDES, GESCHICHTE DES PELOPONNESISCHEN KRIEGES 1,4

Es ist der griechische Politiker und Gelehrte Thukydides, der uns dies im 5. Jh. v. Chr. berichtet. Doch die geschilderten Begebenheiten ereigneten sich rund 1000 Jahre früher. Hatte es schon in jener Zeit so viele Seeräuber gegeben, dass ein König zu einem vernichtenden Gegenschlag ausholen musste? Oder entsprang diese Episode eher der Fantasie des Autors und dem Wunsch, den ohnehin mythologischen König Minos noch mächtiger erscheinen zu lassen und die früheren Zeiten als noch »barbarischer«, als sie einem Griechen seiner Zeit ohnehin anmuteten? Leider gibt es keine zweite Schriftquelle, die diese Schilderung bestätigen oder widerlegen würde. So müssen wir die Frage anders stellen: Hätte sich Piraterie in jener Zeit überhaupt gelohnt? Und wenn ja, für wen?

Kretische Gesandte bringen dem Pharao kostbare Gefäße und die typischen Kupferbarren in Ochsenhautform, die bis zu 24 kg wiegen konnten. Aquarell von Nina de Garris Davies (1881–1965) einer Wandmalerei aus dem Grab des Rekhmire, 15. Jh. v. Chr., Sheikh Abd el-Qurna, Theben, (Ägypten).

Die frühesten Hinweise auf Handels- oder Tauschbeziehungen in diesem Raum datieren in die Steinzeit. Der seinerzeit so begehrte Rohstoff hieß Obsidian, ein vulkanisches Glas, das von der Insel Melos im Südwesten der Ägäis bis nach Thessalien (Nordgriechenland) gelangte. Obsidian und ein alsbald auftretender neuer Rohstoff, das Kupfer, bereiteten im 3. Jahrtausend v. Chr. im östlichen Mittelmeerraum den Weg für Fernbeziehungen. Handelsdrehscheibe waren die Kykladen.

Mit der Entstehung von Hochkulturen und Palaststaaten, wie der minoischen Kultur auf Kreta und der mykenischen Kultur im griechischen Raum, gewann der Handel ab dem 2. Jahrtausend v. Chr. an Dynamik, der Wohlstand nahm zu. Die Eliten präsentierten ihren Reichtum in weitläufigen Villen und feinen Interieurs. Schon um 1900 v. Chr. wurden auf Kreta erste Paläste gebaut, die, nachdem ein Erdbeben sie um 1750 v. Chr. zerstört hatte, umso prächtiger wieder aufgebaut wurden.

Voraussetzung für die Entwicklung der Palaststaaten waren gleich mehrere Neuerungen: ihre zentrale Verwaltung, die Entwicklung einer Schrift, die Zentralisierung der landwirtschaftlichen Produktion und die Ansiedlung hochspezialisierter Kunsthandwerker im Umfeld der Zentren, doch vor allem die Fortschritte in der Konstruktion von seetauglichen Schiffen und die Nutzung der Windkraft durch Segel.

Dank dieser Innovationen wurden die Bewohner Kretas zur dominierenden Kraft im östlichen Mittelmeerraum. Die mit immerhin 8300 km^2 größte Insel im ägäischen Raum bot hierfür mit ihrer Lage am südlichen Abschluss des ägäischen Archipels und ihren bis zu 2400 m hohen Bergen, die Seefahrern als weithin sichtbare Land- und Orientierungsmarken dienten, beste Voraussetzungen. Kreta war für viele Ost-West- und Nord-Süd-verbindungen ein ideale Zwischenstation. Rund um Kreta richteten die Minoer küstennahe Außenposten bzw. Hafenanlagen ein, die die Schiffe nachts anlaufen und zugleich als Umschlag- und Stapelplätze nutzen konnten. Rund 13 solcher Anlagen sind mittlerweile bekannt. Sie boten Seefahrern sichere Rast, was angesichts der von Thukydides beschriebenen Gefahr durch Seeräuber wohl kein unwesentlicher Gesichtspunkt war.

Teure Freunde

Die wichtigsten Handelspartner der Minoer saßen in Griechenland, Zypern und Ägypten sowie an dem später als Levante bezeichneten Küstenstreifen, der sich vom Golf von Iskenderun im Norden bis nach Gaza im Süden erstreckt und damit die Türkei, Syrien, den Libanon, Israel, Palästina und Jordanien umfasst.

Motor des Handels war die Nachfrage nach Metallen, namentlich Kupfer, Zinn und Blei, sowie nach Luxusprodukten, wie edlen Steinen, kostbaren Gläsern, Elfenbein und feiner Keramik. So findet sich minoische Keramik im gesamten ostmediterranen Raum bis hin nach Oberägypten. Doch nicht alles, was wie Handel aussieht, war im heutigen Sinne ein Geschäft. Viel häufiger ging es um Kontakte, Beziehungen oder politische Abhängigkeiten, die in erlesenen Geschenkgaben ihren Ausdruck fanden. Wie die Malerei im Grab des Wesirs Rechmire des 15. Jhs. v. Chr. zeigt, überbrachten minoische Gesandte dem ägyptischen Pharao kostbare Geschenke und dieser »bedankte« sich bei passender Gelegenheit mit der Lieferung exotischer Tiere, Elfenbein oder Straußeneiern.

Der Handel wurde Grundlage eines in der Form zuvor gänzlich unbekannten Wohlstands, eine wahre Blütezeit, die vielfach mit der Regentschaft des mythischen Königs Minos von Knossos in Verbindung gebracht wird. Ob Minos tatsächlich weite Teile des hellenischen Meeres »beherrschte«, ist umstritten. Allerdings ging von Kreta ein starker Einfluss aus und der minoische Kunst- und Lebensstil fand auch außerhalb der Insel Nachahmer.

Um 1450 v. Chr. kam das Ende. Vieles spricht für eine Naturkatastrophe, vielleicht ein Erdbeben. Die tatsächlichen Ursachen sind ungeklärt. Die Paläste wurden zerstört, die minoische Kultur verschwand. Stattdessen traten nun die seit dem 16. Jh. v. Chr. im zentralen Mittelmeerraum präsenten Mykener ins Rampenlicht. Sie übernahmen die Macht, die Zentren, das ökonomische System und die Handelskontakte der Minoer und erweiterten diese in alle Richtungen: im Westen bis nach Sardinien und Mittelitalien, im Osten in das Schwarzmeergebiet bis nach Siebenbürgen und im Norden bis nach England und sogar Deutschland. In diesem Gefüge spielte Zypern, dank seiner Metallvorkommen, eine immer wichtigere Rolle.

Gute Zeiten für Seeräuber?

Zurück zu Thukydides. Der Seehandel florierte und eines ist gewiss: Seeraub hätte sich gelohnt! Allerdings eigneten sich die Schiffe jener Zeit nicht für Raubzüge auf See. Doch auch ein Überfall auf Häfen oder Umschlagplätze versprach reiche Beute und bot die Gelegenheit zum Menschenraub. Eine solche Beute ließ sich jedoch nicht einfach auf dem Markt verkaufen. Der Bauer, dem die Ernte verhagelt war, oder der Fischer, der tagelang mit leerem Netz heimkehrte, brauchte keine Sklaven und ebenso wenig hätte er mit Kupfer oder Ebenholz etwas anzufangen gewusst. Nur wer zur herrschenden Elite gehörte, konnte sich mit Raubgut schmücken, die erbeuteten Rohstoffe verwenden, verschenken oder verkaufen und die geraubten

Menschen, meist Frauen und Kinder, auf den Sklavenmärkten anbieten oder selbst verwenden.

Einen konkreten Hinweis auf Seeräuber liefert allerdings die in Teilen erhaltene Korrespondenz zwischen den Großmächten jener Zeit. Die Mitglieder dieses »Great Power Clubs« titulierten sich gegenseitig als Brüder, brachten aber durchaus heikle Themen zur Sprache. Der Vorwurf der Piraterie und des Menschenraubs gehörte dazu. So bezichtigten die Machthaber sich gegenseitig, warfen sich vor, Seeräuber zu decken oder Söldner zu beauftragen, Überfälle auf Küstenorte und Häfen zu verüben. Auf eine solche Anklage antwortete der zyprische König Alashiya im 14. Jh. v. Chr. dem Pharao:
»An den König von Ägypten, meinen Bruder: Nachricht des Königs von Alashiya, deinem Bruder. Mir geht es gut und auch dir soll es gut gehen ... Warum mein Bruder sagst du mir derartige Dinge? ... Was mich betrifft, ich habe nichts Derartiges getan. In der Tat werden jedes Jahr die Städte meines Landes von Männern aus Lukki überfallen. Mein Bruder, du sagst zu mir: ›Männer deines Landes waren mit ihnen.‹ Mein Bruder, ich weiß nichts davon. Wenn Männer meines Landes dabei sind, sende sie mir und ich werde sie richten. Aber du kennst die Männer meines Landes nicht. Sie würden so etwas niemals tun. Aber wenn doch Männer meines Landes dabei sind, dann behandle sie so, wie du es für richtig hältst ... Dein Bote soll mir sagen, was ich tun soll ...« (Amarnabrief EA 28).

Die Lukki, zuweilen ist auch von Lukka die Rede, treten in mehreren Texten in Erscheinung. Wahrscheinlich handelt es sich um die Bewohner des heutigen Lykiens im Südwesten der Türkei. Aus der Sicht der Hethiter war dies der »wilde Westen«. Die Region mit vielen kleinen unabhängigen und verstreut lebenden Gemeinschaften ließ sich nicht kontrollieren, geschweige denn unterwerfen. Immer wieder kam es zu Konflikten und Kämpfen. Grund genug, gegen die Lukki vorzugehen, und der Vorwurf der Piraterie ließ die Gefährlichkeit der Bevölkerung dieses Landstrichs noch größer erscheinen. Ob an den Vorwürfen etwas dran war oder es sich eher um eine Diffamierung handelte, muss offen bleiben. Die Lukki bleiben, wie auch all jene, die später der Piraterie verdächtigt wurden, stumm.

In der seit 1890 archäologisch untersuchten Stadt Echnatons wurden die nahezu unversehrten Keilschrift-Archive und damit die gesamte diplomatische Korrespondenz der 18. Dynastie entdeckt – im Bild der Nordpalast von Tell el-Amarna (Ägypten).

Hinaus aufs Meer

Obwohl der ägäische Seehandel im 3. Jahrtausend v. Chr. allmählich Fahrt aufnahm, steckte die Nutzung von Wasserfahrzeugen noch in ihren Anfängen. So war das kykladische Boot jener Zeit ein zwar immerhin bis zu 35 m langes Langboot, aber im Grunde nur ein weiterentwickelter Einbaum. Einen wesentlichen Fortschritt bedeutete die Erfindung des Planken- oder Schalenbaus. Damit hing die Länge und Breite eines Bootes nicht mehr vom Durchmesser des Baumes ab, sondern konnte frei bestimmt werden. Die Planken wurden mithilfe von Schnüren zusammengebunden oder -genäht. Die Boote konnten gerudert und gesegelt werden. Ab dem 2. Jahrtausend v. Chr. begann man, die Kraft des Windes effizienter zu nutzen, und stattete die Boote mit Segelmasten und Rahsegeln aus.

Zeitgenössische Beschreibungen der damaligen Schiffe gibt es nicht. Hinweise liefern Wrackfunde sowie Fresken und bildliche Darstellungen auf Münzen, Siegeln oder Vasen. Eines der großartigsten Bilddokumente jener Zeit ist das farbenfrohe und detailreiche Fresko aus Akrotiri, einer bronzezeitlichen Stadt auf der griechischen Insel Santorini. Das knapp 4 m lange Bild zeigt Häuser und Menschen in einer Flusslandschaft sowie mehrere Szenen mit Ruder- und Paddelbooten, darunter eine Schiffsprozession und eine Seeschlacht. Schwärme von Delfinen begleiten die Schiffe auf ihrem Weg zu einer Stadt, wo die Ankömmlinge offenbar erwartet werden. Die Boote werden allesamt gerudert, ihre Segelvorrichtungen liegen auf Stützen. Offenbar weht kein Wind. Im kleinsten Boot sitzen sieben Ruderer, auf den großen Schiffen, die Schätzungen zufolge eine durchschnittliche Länge von 20 m hatten, sind bis zu 42 Paddler zuzüglich Steuermann und Schiffsführer am Werke. Einige Schiffe sind aufwendig geschmückt, gleichwohl lassen die hier und da abgelegten Helme vermuten, dass es sich bei den Passagieren um Krieger handelt. Leider unterliegen bildliche Darstellungen künstlerischen Erwägungen – ob die Schiffe seinerzeit wirklich so aussahen, lässt sich folglich nicht mit Gewissheit sagen.

Einen realitätsnäheren Einblick in die damalige Schifffahrt bieten Wrackfunde. Obschon sie meist sehr schlecht erhalten sind und kaum weitergehende Schlüsse zu Aussehen oder Bauweise erlauben, liefern ihre Frachten wertvolle Hinweise auf den Seehandel ihrer Zeit.

Die ältesten Wracks

In den letzten Jahren wurden sowohl in griechischen Gewässern als auch vor der Südküste der Türkei mehrere bronzezeitliche Schiffswracks entdeckt, darunter ein Schiff am Kap Uluburun, vor Kaş, das zwischen 1342 und 1314 v. Chr. aus ungeklärten Gründen sank und 1982 in gut 60 m Tiefe von einem Schwammtaucher entdeckt wurde. Ein türkisch-amerika-

Ausschnitt aus dem Schiffsfries aus dem Westhaus, Raum 5 in Akrotiri auf Thera (heute Santorin, Griechenland).

nisches Forscherteam übernahm die archäologische Untersuchung des rund 15 m langen Wracks und brachte zwischen 1983 und 1994 in 6613 Tauchstunden und 22 413 Tauchgängen Beachtliches zutage. So bestand die Ladung aus allem, was damals teuer und begehrt war – Glaspaste, Ebenholz und Elfenbein, Straußeneier, Gold- und Silberobjekte sowie Gewürze, Öle und sogar Granatäpfel. Doch die eigentliche Fracht waren 10 t Kupfer und eine knappe Tonne reinen Zinns, genug also für 11 t Bronze – zur damaligen Zeit wohl ein Vermögen und kostbarer als Silber oder Gold. Das Kupfer stammte aus Zypern. Das Zinn hatte man vielleicht an der Levante eingehandelt, es stammte jedoch aus Mittelasien oder Anatolien. Transportiert wurden die Metalle als Barren in der seinerzeit so typisch flachen und eckig geschwungenen Ochsenhautform sowie als Kissen- oder Rundbarren. Jeder der 348 kupfernen Ochsenhautbarren wog 24 kg. Sie lagen in vier Reihen auf dem Meeresgrund, so wie man sie einst im Schiff aufgestapelt hatte.

Rohstoffe und Spezialitäten

Neben Kupfer und Zinn fanden sich in der Fracht einige vollständige, aber auch zerstückelte Schmuckstücke aus Gold und Silber sowie unförmige Fragmente aus einer Gold-Silber-Legierung. Offenbar handelte es sich um Metallschrott zur Wiederverwertung: Rohstoffrecycling vor knapp 3500 Jahren!

Zur Ladung gehörte noch ein weiteres exklusives Produkt – Glas. Obwohl sich die blauen, violetten und orangegelben scheibenförmigen Barren bereits in Auflösung befanden, konnten 175 Stücke mit einem Gesamtgewicht von rund 350 kg geborgen werden. Wegen seiner Zerbrechlichkeit wurde Glas meist in Form von Barren oder Glasperlen verhandelt. Die Farben lassen vermuten, dass es in Ägypten und Mesopotamien hergestellt worden war.

Ein weiteres Indiz für die Internationalität des Frachtguts war das Ebenholz, das über Somalia und Ägypten an die Levante verhandelt und wohl dort an Bord gelangt war, sowie die wahrscheinlich aus Syrien oder Libyen stammenden Elefanten- und Flusspferdzähne. Auch diese wurden als Rohstoffe verhandelt. Demnach gab es am Zielort also versierte Handwerker, die den Umgang und die Verarbeitung dieser exotischen Materialien beherrschten.

Zum Frachtgut des Schiffes gehörten des Weiteren weit über hundert Amphoren unterschiedlicher Größe. Aus Holzmangel fertigte man keine Transportkisten, sondern Behälter aus Keramik. Die Amphoren enthielten Perlen aus Bernstein, Achat, Karneol, Bergkristall, Glas und Fayence, Olivenkerne sowie ein spezielles Harz für die Herstellung von kosmetischen und medizinischen Pasten, Salben und Ölen. Die Ladung umfasste außerdem Fertigprodukte wie feine Keramik, also Krüge, Schalen, Näpfe, Tafelgeschirr und Öllampen sowie Kessel und Schalen aus Bronze, Geschirr aus Zinn und Holzgefäße aus Buchsbaum, außerdem elfenbeinerne Kästchen und Löffelchen, aufwendig verzierte Fayencebecher und eine kleine Bronzestatuette. Handelte es sich um Sonderanfertigungen für einen besonders exklusiven »Kunden«?

Bei der Entdeckung des Wracks lagen die ochsenhautförmigen Kupferbarren noch so, wie man sie vor über 3000 Jahren in den Schiffsrumpf gestapelt hatte.

Die hochwertige Fracht könnte auf eine königliche Lieferung hindeuten, die, wie im damaligen Schriftverkehr beschrieben, zwischen der Levante, Ägypten und Zypern zusammengestellt und dann ein Ziel in der Ägäis ansteuerte – zum Beispiel Ialysos auf Rhodos, Knossos auf Kreta oder Tiryns in Mykene, um dort dem Machthaber vor Ort übergeben zu werden. Noch lag der mittelmeerische Handel in den Händen der Herrscher und ihnen gehörten auch die Schiffe.

Menschen an Bord

Aufschluss über mögliche Begleiter auf dem Wrack von Uluburun liefern 149 Gewichte, die sich zu Sets sortieren lassen und somit zur Ausstattung von drei bis vier Händlern gehört haben könnten. Natürlich handelte es sich nicht um selbstständige, auf eigene Rechnung und Risiko wirtschaftende Kaufleute. Bei einer derart hochwertigen Fracht fuhren Schiffe im Auftrag der höchsten Eliten und mitreisende Begleitpersonen hatten die ordnungsgemäße Übergabe zu überwachen. Das könnte in gleicher Weise für die weiteren Mitreisenden gegolten haben. Den Funden nach zu urteilen, stammten sie aus dem mykenischen Raum. Vielleicht waren sie Vertreter des Empfängers, die darauf achten sollten, dass auf der langen Reise nichts verloren ging. Nun, es sollte schlimmer kommen. Doch mit einem Untergang hatte natürlich keiner gerechnet.

Völlig unklar ist, wie man die Fracht eines solchen Schiffes organisierte. Wurden alle Waren an einem Zentralort zusammengezogen, dort komplett verladen, zum Beispiel in Ugarit, dem in der mittleren und jüngeren Bronzezeit wichtigsten Hafen- und Handelsplatz an der Levante, und erst am Zielort wieder entladen? Oder lief der Frachter auf seiner Tour verschiedene Häfen an, um dort nach und nach die Produkte an Bord zu nehmen? Eines ist sicher: Wo immer der Frachter dann anlegte, traf ein buntes Völkergemisch aufeinander, denn die Besatzung stammte, den Funden nach zu urteilen, von der Levante.

Noch mehr Schiffe

Neben Uluburun wurden in den vergangenen Jahren weitere bronzezeitliche Wracks entdeckt und archäologisch untersucht. Zwar fallen ihre Ladungen bescheidener aus, sie bestätigen aber dennoch die engen Handelsverbindungen zwischen Griechen, Zyprern, Ägyptern und den Völkern der Levante und sie zeigen, welche Rohstoffe und Güter im 2. Jahrtausend v. Chr. auf dem Seeweg transportiert wurden.

Das bisher älteste Wrack wurde unweit der griechischen Insel Dokos entdeckt. Es war um 2200 v. Chr. gesunken und hatte ausschließlich Keramik an Bord, die wohl in den Küstenorten verkauft werden sollte. Die jüngeren Wracks von Şeytan Deresi (Türkei, um 1600 v. Chr.) sowie von der Insel Modi und dem Kap Iria (beide Griechenland, um 1200 v. Chr.) transportierten gleichfalls Keramik. So hatte das Wrack von Kap Iria Transportgefäße und mykenische Kannen geladen, ursprünglich gefüllt mit Olivenöl und Parfüms, und war offenbar von Zypern und Kreta kommend auf dem Weg zur Südküste der Peloponnes. Dagegen transportierte das kleine Frachtschiff, das um 1200 v. Chr. an einem Felsen leckgeschlagen und daraufhin vor Kap Gelidonya (Türkei) in eine Tiefe von 27 m gesunken war, rund 800 kg Kupfer und Zinn.

Wrackfunde liefern Hinweise zu den antiken Seerouten: Demnach folgten die Seeleute des 3. und 2. Jahrtausends v. Chr., soweit möglich, den Küstenverläufen. Zypern und Kreta spielten deshalb nicht nur als Metalllieferanten eine aktive Rolle, sondern waren, wie auch Rhodos, gut gelegene Etappenziele. Von hier aus öffnete sich der Weg in alle Richtungen – an die kleinasiatische Westküste, zur Levante, zu den Kykladen und nach Griechenland und über die Peloponnes zur Adria und nach Süditalien. Doch noch führte der Weg nach Westen nur gelegentlich über das östliche Becken des Mittelmeeres hinaus, wie die Funde zeigen. Zyprische Keramik, ein Exportschlager der späten Bronzezeit und im östlichen Mittelmeerraum in Siedlungen zuhauf nachgewiesen, fand sich nur vereinzelt auf Sardinien. Dass Kontakte bestanden, zeigen jedoch die Kupferbarren in Ochsenhautform in Südfrankreich, vereinzelt sogar in Süddeutschland sowie Funde mykenischer Keramik in Sizilien und Unteritalien. Noch seltener waren dagegen »Westimporte«. Lediglich sardische Keramik in den Siedlungen Südkretas zeigt, dass von dort auch etwas zurückkam.

Rekonstruktion der Schiffsfracht des Wracks von Uluburun; im Museum für Unterwasserarchäologie in Bodrum (Türkei).

Ende und Neubeginn

Der Handel brachte die Menschen im östlichen Mittelmeerraum in engen Kontakt und führte zu Annäherungen: Werkzeuge, Geräte und Waffen ähnelten sich, technologische Fortschritte verliefen parallel, Neuerungen verbreiteten sich rasch. In Kunst und Kunsthandwerk entwickelte sich ein sozusagen »globaler« Stil und selbst Religionen und Kulte beeinflussten sich gegenseitig. Der östliche Mittelmeerraum bildete einen wohlhabenden, interkulturellen und kosmopolitischen Kulturraum.

Doch ab Mitte des 14. Jhs. v. Chr. kam es den antiken Quellen zufolge zu ersten Störfällen: *»Krieger von der Mitte des Meeres«* oder *»von den Inseln in der Mitte des Meeres«*, *»Nordkrieger«* oder *»Angreifer, die auf Schiffen wohnen und leben«* bedrohten und überfielen die Region. Wer waren diese Marodeure? Diese Frage beschäftigt die Wissenschaft seit Langem. Beantwortet ist sie nicht. Zu komplex sind die Vorgänge, die den östlichen Mittelmeerraum in den folgenden Jahrhunderten erschütterten.

In der Korrespondenz der Groß- und Kleinkönige dieser Region werden neben anderen auch Seeräuber als Täter genannt. Doch vermutlich waren sie eher eine Folgeerscheinung als die Ursache der nun einsetzenden dramatischen Ereignisse. Der gesamte östliche Mittelmeerraum geriet in Aufruhr. Die »ostmediterrane Wohlstandszone« wurde förmlich überrannt und mit der Bezeichnung »Seevölkersturm« erhielt dieser Vorgang einen plakativen, doch zugleich irreführenden Namen. Denn die Vielzahl der geschilderten Angriffe und Zwischenfälle zeigt, dass es sich nicht um den Vormarsch einer riesigen Koalition, sondern um eine Fülle regionaler Einzelereignisse handelte. Überdies rückten die einwandernden und zuweilen angreifenden Gruppen, entgegen ihrer Bezeichnung als »Seevölker«, sehr viel häufiger auf dem Landweg als von der Meeresseite an.

Die zeitgenössischen Quellen – angefangen bei der ägyptischen Hofkorrespondenz von El-Amarna bis hin zu Königsinschriften, Sieges- und Tatenberichten – verliehen den Eindringlingen und Angreifern viele Namen. Sie deuten auf den Balkan, die Ägäis, den adriatisch und italischen Raum, also im Grunde auf die gesamte Region. Waren diese Eindringlinge also wirklich feindliche Angreifer oder eher selbst Vertriebene und Flüchtlinge? Es fällt schwer, zwischen Ursachen und Folgen zu unterscheiden. Ob jedoch allein eine Invasion einen solch verheerenden Umbruch herbeiführen konnte, ist umstritten. Möglicherweise wurde die Situation durch Naturkatastrophen, interne Machtkämpfe und soziale Unruhen, Hungersnöte oder sogar Epidemien angefacht und erst die daraufhin einsetzenden Abwanderungen ließ die Ereignisse eskalieren.

Darstellung der siegreichen Schlacht gegen die »Seevölker« am Totentempel von Ramses III. (um 1221–1156 v. Chr.) im heutigen Medînet Hâbu (Ägypten).

Ramses III. (1187–1156 v. Chr.) konnte sich der Übermacht der Angreifer, darunter angeblich auch Seeräuber, zu Land und zu Wasser erwehren. Dies bezeugen die Siegesdarstellungen im Totentempel Ramses III. in Medinet Habu. Damit gelang Ägypten im Kampf gegen die sogenannten »Seevölker« zwar ein veritabler Abwehrerfolg, doch die unruhige Lage führte gleichwohl eine Schwächung des Reichs herbei. Als sich die Lage ab dem 11. Jh. v. Chr. allmählich beruhigte war die Bilanz erschütternd: Die spätminoischen und -mykenischen Palastzentren waren weitgehend verwüstet, das Reich der Hethiter zusammengebrochen, Stadtstaaten wie Ugarit zerstört, weite Teile der Bevölkerung abgewandert und die staatlichen Strukturen sowie das politisch und wirtschaftlich eng vernetzte Zusammenspiel der ägäischen Inselwelt, Ägyptens, der Levante und Anatoliens kollabiert. Selbst Errungenschaften wie die Schrift blieben auf der Strecke und mussten später »neu erfunden« werden. Doch das Leben sollte weitergehen. Zwischen dem 11. und 9. Jh. v. Chr. kam die Entwicklung im Mittelmeerraum erneut in Gang: Neue Siedlungen wurden gegründet, alte wieder aufgebaut, neue Eliten griffen nach der Macht, neue Rohstoffe und Produkte kamen auf den Markt. Wie dies vonstattenging, welche Rolle das Meer spielte und wie die technologische Entwicklung im Schiffbau verlief, ist unbekannt. Noch fehlen für weite Teile der Region für diesen Zeitraum die Quellen.

Die neue Kraft am Mittelmeer – die Phönizier

Die Wirren des 13. bis 11. Jhs. v. Chr. hatten weite Teile des Mittelmeerraums in Mitleidenschaft gezogen. Zu den weniger schlimm betroffenen Regionen gehörten offenbar die Städte der Levante. Aufgrund ihrer Lage hatten sich diese von jeher dem Handel gewidmet, denn der schmale, meist kaum mehr als 15 km breite Küstenstreifen mit den sich dahinter direkt erhebenden mitunter bis zu 3000 m hohen Bergpässen des Libanongebirges ließ wenig Platz für Landwirtschaft. Getreide musste importiert werden. Bodenschätze waren gleichfalls rar. Zu bieten hatte man allerdings hochwertiges Holz und noch einiges mehr.

In den vorherigen Jahrhunderten hatten meist starke Nachbarn die Entwicklung der Region gebremst. Anstelle eines eigenständigen Großreichs waren deshalb mehrere voneinander unabhängige Städte und Kleinstaaten entstanden, die sich im Kontakt zu den benachbarten Großmächten zu ansehnlichen Handelszentren entwickelten. Sidon, im Alten Testament als älteste Stadt der Region bezeichnet und tatsächlich schon im Neolithikum gegründet, war in der Spätbronzezeit so bedeutend, dass ihr König Zimrida mit dem ägyptischen Pharao korrespondiert hatte. Nun, mit dem Zusammenbruch der alten Herrschaftsstrukturen und dem Niedergang der ägyptischen Macht, boten sich den Städten an der Levante neue Entwicklungschancen. Und sie griffen zu.

Aufgrund des Mangels an Holz waren Amphoren die Transportkisten der Antike für Wein, Öl, Oliven und viele andere Produkte.

Ab dem 11. Jh. v. Chr. entstand zwischen Tyros, Sidon, Byblos, Arwad und Berytos eine Art Städtebund, der nun daran ging, den völlig zum Erliegen gekommenen Mittelmeerhandel aufs Neue zu beleben. Ab dem 8. Jh. v. Chr. geriet dieser unter die Vorherrschaft der Assyrer. Diese waren jedoch clever genug, den Städten, Seefahrern und Händlern ihre Autonomie zu lassen. Schließlich konnten nur reiche Unterworfene üppige Tribute zahlen. Erst als Alexander der Große das persische Heer, dessen Flotte von den Levantestädten gestellt wurden, 333 v. Chr. bei Issos schlug und Tyros, die bedeutendste Stadt der Levante, eroberte, verlor die Region endgültig ihre Eigenständigkeit und wurde fortan von wechselnden Mächten beherrscht – Ptolemäer, Seleukiden, Armenier. Einzig ihre Kolonie in Karthago konnte bis in das 2. Jh. v. Chr. ihre Autonomie halten.

Ursprung des Namens

Die Bewohner und Kaufleute der Levantestädte gingen als Phönizier in die Geschichte ein. Gelegentlich findet sich auch die Bezeichnung Phöniker oder Phoiniker, doch alle drei Namen

Purpurschnecken, Mozia, 8. Jh. v. Chr.

leiten sich vom griechischen *phoinikes* ab, die »Roten«. Obschon sich die Roten selbst eher Sidonier, Tyrer oder Karthager, also nach ihren Städten nannten oder vielleicht als Kanaanäer bezeichneten, setzte sich der griechische Name durch und wurde später lediglich durch das in den römischen Schriftquellen auftretende Wort *poeni*, also Punier, ersetzt.

Der Name selbst entstand mutmaßlich als Reaktion auf das wohl wichtigste, teuerste und begehrteste Handelsprodukt der Phönizier, den Farbstoff der marinen Purpurschnecke – Purpurrot. Die Gewinnung des Farbstoffs war ausgesprochen aufwendig und mühsam. Für nur ein Gramm brauchte man bis zu 10 000 Purpurschnecken und mit 200 Gramm der kostbaren Substanz ließ sich gerade einmal ein Kilogramm Wolle oder Seide einfärben. Ein purpurgefärbtes Gewand stellte ein wahres Vermögen dar. Es besaß einen schier unermesslichen Prestigewert und stand wie kaum anderes für Reichtum und Macht. Selbst ein feiner Purpurstreifen galt schon als Statussymbol.

Begehrte Produkte

Entscheidend für den Erfolg der phönizischen Händler war nicht nur der exklusive Farbstoff. Hinzu kamen die hochwertigen Holzvorkommen. Die Libanonzedern mit Stammlängen von bis zu 50 m eigneten sich gerade für den Schiffbau, aber auch für die Errichtung von Monumental- und Repräsentationsbauten. Sie waren der zweite Exporthit der Region und wurden vor allem in die waldarmen Nachbarstaaten im Osten und nach Ägypten verhandelt. Überdies wurden auch mit Fertigprodukten überregional Geschäfte gemacht, zum Beispiel mit Glas. Erfunden hatten die Phönizier diese Kunst nicht, allerdings erreichten sie in der Bearbeitung einen zuvor unbekannten technischen und ästhetischen Standard. Ihre Rohgläser und Glasprodukte verhandelten sie bis in den hintersten Winkel der bekannten Welt. Das Gleiche galt für die prachtvollen Metall- und Elfenbeinarbeiten, die sich bei den Eliten großer Beliebtheit erfreuten.

Die Phönizier waren außerordentlich geschickte und begabte Handwerker, die die exklusiven Wünsche ihrer Kundschaft im Mittelmeerraum und im Nahen Osten ohne Abstriche zu erfüllen verstanden. Die auffallenden ägyptisch, mesopotamisch und assyrisch geprägten Dekore erfreuten sich ab dem 8. Jh. v. Chr. im gesamten Mittelmeerraum großer Nachfrage. Die Sidonier waren wahre Meister in der Silberverarbeitung und in Städten wie Tyros strömten, wie von Ezechiel im Alten Testament beschrieben, alle Güter der Welt zusammen. Die Städte erlebten einen regelrechten Boom. Dieser war freilich abhängig von den regelmäßigen Getreidelieferungen aus Zypern, Israel und anderen Regionen. Die eigene landwirtschaftliche Produktion reichte für die Versorgung der Bevölkerung bei Weitem nicht aus.

Moderne Wirtschaft

Der hohe Aktionsradius phönizischer Kaufleute war nicht nur eine Folge des Könnens ihrer Seeleute oder der besonderen Qualität ihrer Waren. Er war auch die Folge einer veränderten

Wirtschaft. Diese lag nicht mehr wie in der Bronzezeit ausschließlich in den Händen von Königen und Fürsten und den von ihnen beauftragten Mittelsmännern, sondern eröffnete auch anderen einen Freiraum für Geschäfte.

War es bei den Handelsaktivitäten der Eliten zumeist um den Austausch von Geschenken oder die Zahlung von Tributen zur Bestätigung von Freundschaft, Frieden oder Treue gegangen, so rechneten die privaten Kaufleute mit einem »Geschäft« und mit »Profit«. Selbst die Ägypter, die in der Bronzezeit einfach über die Holzvorkommen der levantinischen Küste verfügt hatten, bekamen nun zu ihrer großen Überraschung eine »Rechnung« und König Salomon bezahlte mit Getreide und Öl.

Gleichwohl spielten Geschenkbeziehungen auch weiterhin eine wichtige Rolle, schließlich brachten die Phönizier ihre Waren auch in Landstriche, die keinen überregionalen Handel kannten, aber über interessante Rohstoffe verfügten. Kleine und größere Geschenke weckten erst das Interesse, dann die Sehnsucht, schließlich die Nachfrage und bereiteten so den Weg zu den lokalen Eliten. So verfügten die phönizischen Händler auch über Netzwerke jenseits der einstmals rein aristokratischen Handelsbeziehungen.

Ungeachtet dessen blieben Herrscher und herrschende Eliten wichtige Akteure, auch als Abnehmer. Doch neben ihnen gab es nun Kaufleute, die im eigenen Namen, auf eigene Rechnung und natürlich auf eigenes Risiko ihre Geschäfte tätigten und hierfür neue Wege gingen. Das hieß allerdings auch: neue Rohstoffquellen finden, neue Kunden gewinnen und neue Absatzmärkte erschließen.

Aufbruch in die Ferne

Um Neuland zu entdecken, musste man hinaus aufs Meer. Das taten die Phönizier. Sie setzten die Segel und nahmen, im wortwörtlichen Sinne, das Ruder in die Hand. Zug um Zug erkun-

Die Landstriche der Levanteküste verfügten dank der hochgewachsenen Libanonzedern über qualitativ hochwertige Holzvorkommen für den Bau von Schiffen oder Monumentalbauten.

deten sie neue Seewege bis in den westlichsten Mittelmeerraum und sogar darüber hinaus. So kreuzten, der antiken Überlieferung zufolge, schon im 11. Jh. v. Chr. vor der südspanischen Küste die ersten phönizischen Schiffe auf und gelangten, trotz der schwer zu durchfahrenden Straße von Gibraltar, bis in den Atlantischen Ozean. Noch im 5. Jh. v. Chr. betrachtete Herodot die »Säulen des Herkules« als westliche Grenze der bekannten Welt. Schon 300 Jahre zuvor hatten die Phönizier diese hinter sich gelassen, Erkundungsfahrten entlang der afrikanischen Küsten durchgeführt und sowohl an der westspanischen als auch der westmarokkanischen Küste erste Handelsniederlassungen gegründet. So wurde das immerhin 800 km südlich der »Säulen des Herkules« gelegene Mogador in den folgenden Jahren ihre erste Adresse für den Bezug von Elfenbein, exotischen Tieren, Gold, Harzen und anderen Kostbarkeiten.

Schale aus Silber, vergoldet und graviert mit der Darstellung einer Jagdszene im ägyptischen Stil, um 650 v. Chr., Tomba Bernardini, Palestrina (Italien).

Den antiken Überlieferungen nach soll die Besiedlung von Cádiz, Huelva und Lixus schon im 11. und 10. Jh. v. Chr. geschehen sein. Archäologische Zeugnisse hierfür existieren frühestens ab dem 9./8. Jh. v. Chr. Nicht auszuschließen ist indes, dass es zuvor improvisierte Handelsposten gab und archäologisch nachweisbare dauerhaftere Bauten erst später folgten. Bis zum 7. Jh. v. Chr. entstanden allein an der spanischen Halbinsel rund 30 solcher Niederlassungen.

Der entscheidende Faktor für die Gründung derartiger »Außenposten« waren die lokalen Rohstoffvorkommen – so stand Zypern vor allem wegen seiner Kupfererz- und Waldvorkommen schon ab dem 11. Jh. v. Chr. unter dem Einfluss der Stadt Tyros. In Südspanien lockten die zahllosen Lagerstätten für Blei, Kupfer und vor allem Silber. Auch manche Inseln verfügten über beachtliche Erzvorkommen. So wurden im 9. Jh. die ersten Handelsstützpunkte auf Kreta und Sardinien sowie in Nordafrika gegründet, am bekanntesten wohl die Niederlassung (814/813 v. Chr.) in Karthago. Sie sollte zur Königin der phönizischen Kolonien aufsteigen. Dabei beruhte ihr späterer Reichtum interessanterweise nicht auf Purpur, Elfenbein oder anderen Kostbarkeiten, sondern ganz bodenständig auf der Produktion von Getreide, Wein und Olivenöl.

Im 8. und 7. Jh. v. Chr. folgten Stützpunkte und Kolonien auf Sizilien, Ischia, Malta und Etrurien. Auf der vor der Küste Siziliens gelegenen Insel Mozia wurde ein Monopol für die Produktion von Purpur eingerichtet und zugleich Eisenwaren hergestellt. Von der Bevölkerung vor Ort erhielt man im Tausch Getreide, Wein und Öl und den Zugang zu den großen Salzsalinen. Mit Salz ließ sich Fisch konservieren und Fisch war ein Hauptnahrungsmittel der Küstenbewohner.

Beiläufig »erobert«

Mit der Gründung der Handelsstützpunkte erfolgte ohne militärische Unterstützung und ohne Blutvergießen quasi en passant eine Expansion in keinesfalls unbewohnte Regionen. Doch die Phönizier kamen nicht als Eroberer. Sie besetzten keine Territorien, erhoben keine Machtansprüche und unternahmen keine Versuche, die Einheimischen zu unterwerfen. Sie arrangierten sich mit der ansässigen Bevölkerung und diese behielt durchaus die Verfügungsgewalt über ihre Rohstoffschätze. Gleichzeitig weckten die Phönizier in ihrer neuen Heimat den Wunsch nach den begehrten und exotischen Produkten und verpassten dadurch zuweilen auch dem Binnenhandel einen gehörigen Schub.

Vereinzelt rückte auf der Suche nach neuen Erzlagerstätten auch das Hinterland ins Blickfeld. Doch um wie auf Sardinien die Vorkommen an Blei, Zinn, Gold oder Silber abbauen zu können, brauchte es Wege und Siedlungen. So entstanden schließlich doch territoriale Ambitionen, die aber offenbar die friedlichen Beziehungen zu den ansässigen Sarden nicht erschütterten. Sie verkauften den Händlern von Sulcis, im Süden Sardiniens, weiterhin Getreide und Metalle.

Phönizische Niederlassungen ohne Handelskontext sind selten. Ein Beispiel hierfür ist Toscanos an der spanischen Küste, im 7. Jh. v. Chr. wohl von Phöniziern gegründet. Für das große Fernhandelsnetz spielte dieser Ort keine Rolle. In dieser kaum mehr als 1000 Einwohner zählenden Kleinstadt wurden eiserne und kupferne Geräte für den einheimischen Markt gefertigt – und die exotischen Neuankömmlinge gehörten offenbar schlicht dazu. Sie waren einfach nur ausgewandert – aus welchen Gründen auch immer.

Von West bis Ost geeint

Mit den stürmischen Ereignissen der Bronzezeit war die mittelmeerische Welt in unzählige Stücke zerbrochen. Die Phönizier fügten diese nun wieder zusammen. Zuerst spannten sie einen Bogen bis weit in den westlichen Mittelmeerraum hinein, dann entdeckten und erkundeten sie dort neue Rohstoffquellen und Absatzmärkte, die sie schließlich auf lokaler, regionaler und überregionaler Ebene miteinander verknüpften. Ihr Netzwerk umfasste am Ende den gesamten Mittelmeerraum und machte aus diesem einen von Spanien bis zur Levante miteinander verbundenen Aktions- und Kommunikationsraum.

Kleine Elfenbeinplakette, 8. Jh. v. Chr., aus dem Palast von Arslan Tash (Syrien).

Epidemais – ein Kaufmann und Schlitzohr

Der heute bekannteste phönizische Händler heißt Epidemais, also Maiskolben, und er ist natürlich ausgesprochen geschäftstüchtig. Erfunden wurde er von René Goscinny und Albert Uderzo, den Vätern von Asterix und Obelix. Als weltgewandter und weit gereister Händler tritt Epidemais, dessen Umhang seine Leibesfülle kaum zu umschließen vermag und dessen Goldschmuck andeutet, womit er sein Geld verdient, meist mit übertriebener Gestik, leutselig und weit geöffneten Armen in Erscheinung. Als er Asterix und Obelix trifft (in: Asterix als Gladiator), verspricht er ihnen, sie nach Rom zu bringen. Doch sein Schiff wird von Piraten überfallen und die mitreisenden Gallier erweisen sich als echter Glücksfall; sie schlagen die Angreifer in die Flucht. Danach beichtet Epidemais, dass er die beiden eigentlich auf dem nächsten Sklavenmarkt hatte verkaufen wollen. Typisch Phönizier! Am Ende werden die drei doch noch Freunde.

Damit zeigten die Phönizier – und nach ihnen die Karthager – den Griechen, wie man Märkte erkennt, Absatzräume erschließt und rückständige Regionen mitsamt Hinterland entwickelt. Zwar schlugen innerhalb dieses Gefüges einige Regionen später eigene Wege ein, doch die Beziehung zu den Mutterstädten brach deshalb nicht unbedingt ab.

Obschon die Phönizier mit dieser Integrationsleistung weder politische Ziele verfolgten noch Herrschaft über diese Räume beanspruchten, sollte ihre Vormachtstellung nicht unangefochten bleiben. Die Griechen hatten lange genug zugesehen und auch die Etrusker witterten allmählich ihre Chance.

Alles Piraten?

Die Nachbarregionen erholten sich und begannen, den Phöniziern aufs Meer zu folgen. Ab dem 8. Jh. v. Chr. zogen die Griechen im wahrsten Sinne des Wortes nach. Zuvor war man sich schon zwanglos in den Kontoren der großen Handelszentren begegnet und die Griechen hatten manches von den Phöniziern gelernt: die Kunst des Handelns und des Schiffbaus und die Schrift. Die Phönizier genossen hohes Ansehen. Die historischen Überlieferungen rühmten die handwerklichen Fertigkeiten der Tyrer und Sidonier, deren Raffinesse und Perfektion sowie die Fähigkeiten ihrer Seeleute.

In dieses Lob mischten sich jedoch alsbald auch kritische Töne. Von Betrügern, Schlitzohren und Gaunern war da die Rede und von Männern, die Frauen und Kinder entführen, um sie auf Sklavenmärkten zu verkaufen. Der Ruf verschlechterte sich derart, dass der römische Politiker und Autor Cicero im 1. Jh. v. Chr. rückblickend äußerte: *»Die Karthager neigen zu Arglist und Lüge,*

Gefäße aus Straußeneiern mit Bemalung, phönizischer Import, 5. Jh. v. Chr., gefunden auf Ibiza (Balearen, Spanien).

nicht durch ihre Natur, sondern aufgrund der Situation ihres Landes. Durch ihre Häfen haben sie Kontakt zu Händlern und Fremden und der Durst nach Profit verführt sie zum Betrug« (Cicero, De Lege Agraria II). An anderer Stelle wurde er noch deutlicher: »*... von den Barbaren hatte keiner marine Traditionen, außer Etrusker und Phöniziern, die ersten als Händler, die zweiten als Piraten«* (Cicero, Der Staat 2,4,9). Der eklatante Imageverlust setzte sich fort. So stand die später römische Redewendung *fides punica* nicht für punische Treue, sondern für Hinterlist, Täuschung und Vertragsverletzung. So weit war es also gekommen. Doch was war geschehen? Waren die Phönizier tatsächlich mehrheitlich unter die Piraten gegangen oder gab es andere Ursachen für diesen miserablen Ruf?

Leider liefern die Phönizier selbst hierzu keine Hinweise. Obwohl sie wesentlich zur Entwicklung der Alphabetschrift beitrugen und diese im gesamten Mittelmeerraum einführten, fehlt von ihren eigenen Texten zur Geschichte, Verwaltung, Wissenschaft und Politik jegliche Spur. Folglich stammen die meisten Informationen aus alttestamentlichen, griechischen und römischen Schriftquellen und damit aus den Federn jener Mächte, mit denen die Phönizier ab dem 8. Jh. v. Chr. in Kontakt, aber eben zunehmend auch in Konflikt gerieten. Mit dem Erstarken der Nachbarregionen kamen ab nun zunehmend Macht- und Territorialinteressen ins Spiel. Das Mittelmeer war zwar weit, aber nicht unendlich und die griechische Welt war wenig geneigt, den Phöniziern das Geschäft weiterhin allein zu überlassen.

Goldarmband, verziert im ägyptischen Stil mit einem geflügelten Skarabäus, Palmwedeln und Lotusblüten, 7./6. Jh. v. Chr., gefunden in Tharros, Sardinien (Italien).

»Ein Ostwind wird dich mitten auf dem Meer zerbrechen ...«

Wohl im 6. Jh. v. Chr. prophezeite der israelitische Priester Ezechiel, im gleichnamigen Buch des Alten Testamentes, das dramatische Ende der phönizischen Städte. Für Tyros, die mächtigste von ihnen, wählte er das Sinnbild des untergehenden Schiffes. *»Deine Ruderer haben dich oft auf große Wasser geführt; doch ein Ostwind wird dich mitten auf dem Meer zerbrechen, also dass dein Reichtum, dein Kaufgut, deine Ware, deine Schiffsleute, deine Schiffsherren und die, so deine Risse bessern und die deinen Handel treiben, und alle deine Kriegsleute und alles Volk in dir mitten auf dem Meer umkommen werden zur Zeit, wann du untergehst«.* In der Tat sollten die Phönizier ihre Vormachtstellung nicht auf ewig halten können, doch an ihrem Niedergang waren weniger die Ostwinde als die ab dem 8. Jh. v. Chr. zunehmenden Begehrlichkeiten benachbarter Großmächte verantwortlich.

Bis es so weit kam, waren die Phönizier die unangefochtenen Herren des Meeres und ihre Seeleute wahre Könner. Nie zuvor hatten Seemänner derartige Strecken bewältigt. Ohne sie hätte nie ein phönizischer Kaufmann die spanische Küste zu sehen bekommen; und auch die phönizische Kriegsschifffahrt machte sich einen Namen und stellte anderen Mächten, zum Beispiel den Persern, Flotten inklusive Besatzung für deren Kriegseinsätze zur Verfügung.

Nautik und Technik

Wie ihre Vorgänger orientierten sich die phönizischen Seemänner an Küstenlinien und Landmarken, allerdings schreckten sie weder vor monatelangen Reisen noch vor Nachtfahrten oder Touren übers offene Meer zurück – anders konnte man Südspanien nicht erreichen.

Über ihre Schiffe ist eher wenig bekannt. Gleichwohl werden ihnen wesentliche technologische Fortschritte zugeschrieben, angefangen bei der Entwicklung neuer Schiffstypen über konstruktive Verbesserungen, wie die Entwicklung des Kiels, der die Stabilität der Schiffe verbesserte, bis hin zu militärischen Neuerungen, wie dem Rammsporn, der sich als dermaßen »durchschlagend« erwies, dass er später an keinem griechischen, etruskischen oder römischen Schiff fehlen durfte.

Zum Aussehen der phönizischen Schiffe können nur wenige Angaben gemacht werden; die wichtigsten Quellen sind Bilder auf Münzen, Vasen oder Reliefs. Hinzu kommt, dass diese in der Regel Kriegsschiffe als Motiv favorisieren, zumindest sprechen die abgebildeten bewaffneten Seeleute für diese Deutung. Handelsfrachter kommen dagegen vergleichsweise selten vor.

Unter Wasser sieht die Lage anders aus. Da dominieren die schwer beladenen Handelsschiffe, denn Wracks werden in

Eine große Ansammlung an Amphoren ist meist ein untrügliches Zeichen für einen antiken Schiffbruch. Von den Schiffen selbst ist auch bei jüngeren Wracks, wie dem vor Sizilien entdeckten Wrack Panarea III kaum etwas erhalten.

der Regel dank ihrer einstigen Fracht entdeckt. Meist führen eindrucksvolle Amphorenteppiche zur Unglücksstelle und dem, was unter den Amphoren vom Wrack noch übrig ist. Kriegsschiffe und Schiffe mit vergänglicher Fracht, wie zum Beispiel Getreide, haben angesichts der Strömung auf dem Meeresgrund kaum eine Erhaltungschance. Und falls doch, kann man sie nicht erkennen.

Form follows function

Offensichtlich begann man ab Beginn des 1. Jahrtausends v. Chr. allmählich, zwischen Kriegs- und Handelsschiffen zu unterscheiden. Kriegsschiffe transportierten Menschen, Handelsschiffe Waren. Daraus folgten unterschiedliche technische Anforderungen. Bei Kriegsschiffen ging es um Tempo und Wendigkeit, bei Handelsschiffen um Laderaum und Stabilität.

Nur in einem ähnelten sie sich jahrhundertelang: Nie gab es ausreichend Platz für die Besatzung, angemessene Schlafmöglichkeiten oder gar eine Kombüse. Selbst Vorräte oder Trinkwasser konnten nur in begrenztem Umfang mitgeführt werden, sodass man regelmäßig Land ansteuern musste. Zudem waren auch Schiffe in Nutzung, die sowohl zivilen als auch militärischen Aufgaben nachgingen. Eine klare Unterscheidung von Kriegs- und Handelsschiffen war also trotz allem nicht immer zweifelsfrei möglich.

Größer, schneller, weiter

In den folgenden Jahrhunderten wurden die Unterschiede deutlicher. Die Ladekapazität von Handelsschiffen stieg Schätzungen zufolge auf bis zu 500 t an, was angeblich den Transport von bis zu 10 000 Amphoren erlaubte. Ihr Rumpf wurde rundbau-

Assyrisches Kriegsschiff mit zwei Ruderreihen und Rammsporn, Relief um 700 v. Chr. aus Niniveh (Irak), heute im British Museum, London.

chiger und schwerer. Die Besatzung konnte auf ein Minimum reduziert werden, denn erst wenn Land in Sicht kam und das Schiff in den Hafen manövriert werden musste, wurde zum Ruder gegriffen.

Kriegsschiffe wurden gleichfalls immer größer und allmählich selbst zur Waffe. Auch sie waren mit einer Segelanlage ausgestattet, die allerdings nur verwendet wurde, um ein Kampfgebiet überhaupt zu erreichen. Kam der Feind in Sicht, wurde diese abgebaut und flugs zum Ruder gegriffen. Dann gewannen die schlanken, flach im Wasser liegenden Schiffe rasch an Fahrt. Ziel war es, den Gegner durch geschicktes Rammen in Bedrängnis zu bringen und sein Schiff manövrierunfähig zu machen. Entscheidend hierfür war neben der Geschwindigkeit der Rammsporn oder Schiffsschnabel am Bug des Schiffes. Damit konnte das gegnerische Schiff unterhalb der Wasserlinie schwer beschädigt oder sogar versenkt werden. Freilich musste das eigene Schiff so robust gebaut sein, dass es beim Aufprall auf den Gegner nicht selbst Schaden nahm.

Rammsporne gehörten wohl ab dem 8. Jh. v. Chr. zur serienmäßigen Ausstattung von Kriegsschiffen, ungefähr ab dem 5. Jh. v. Chr. wurden sie aus Metall gefertigt. Unklar ist, auf wessen Konto die Erfindung ging. Die frühesten Hinweise führen erneut zu den Phöniziern, doch auch Griechen oder Etrusker könnten hierauf Anspruch erheben.

Noch mehr Innovationen

Anfangs verfügte jedes Schiff beidseits nur über eine Ruderreihe. In einer *Pentekontere*, einem der frühesten Kriegsschiffe, saßen 50 Mann, beidseitig je 24 Ruderer plus zwei Steuermänner, in einer *Triakontere* insgesamt 30 Mann. Hinsichtlich der Bootslängen waren die technischen Möglichkeiten beschränkt. Die Grenze lag bei 40 m, sowohl was den Bau als auch was die Manövrierbarkeit anging. In so einem Schiff ließen sich immerhin 80 Ruderer platzieren. Um mehr Männer unterzubringen, musste man sich also etwas einfallen lassen. Länger ging nicht, blieb also nur höher oder breiter. Das eröffnete den Schiffskonstrukteuren immerhin zwei Richtungen: Zum einen konnten sie den Schiffsrumpf vergrößern und die Ruderer sozusagen in mehreren Stockwerken übereinander platzieren. Das hieß, in den Schiffsbauch mussten Decks eingezogen werden. Zum anderen ließen sich die Schiffe verbreitern, um an jedem Ruder mehr als einen Mann zu platzieren. Diese Idee hatte man jedoch erst später.

Starke Typen

Schon im 8. Jh. v. Chr. kamen wohl die ersten Zweireiher auf (griech. *Diere*, lat. *Bireme)*, also Schiffe mit zwei schräg versetzt übereinander angeordneten Ruderreihen und einer maximalen Länge von 27 m. Alsbald folgten die Dreireiher (griech.

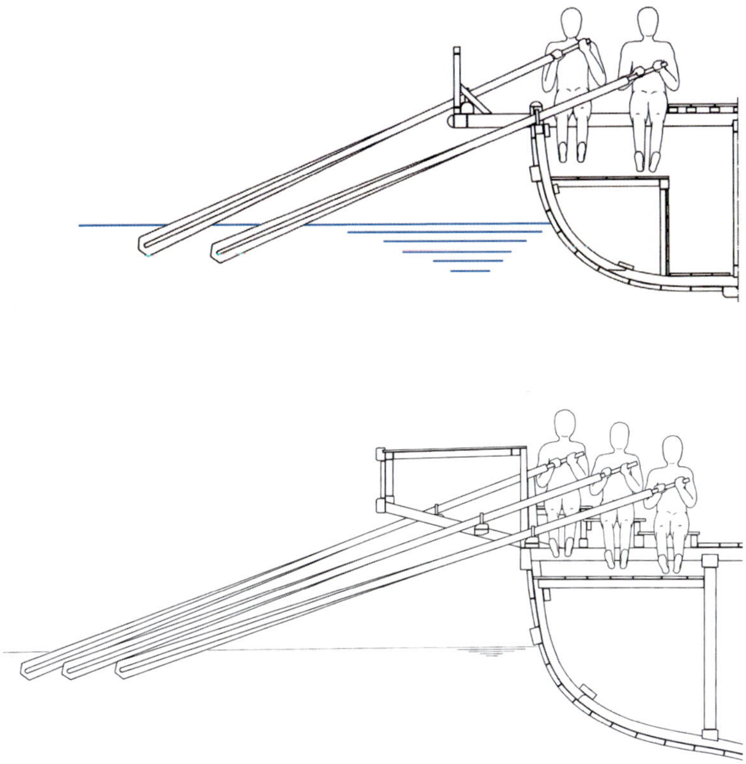

Rekonstruktionsversuch und schematische Darstellung der möglichen Anordnung der Ruderer in einem Zwei- und einem Dreireiher.

Triere, lat. *Trireme*) mit drei Ruderreihen. Ob Phönizier oder Griechen diesen Schiffstyp entwickelten, ist umstritten. Unbestritten ist, dass er Geschichte schreiben und die Pentekonteren ersetzen sollte. Die Triere war schnell, wendig und bei einer Länge von bis zu 36 m und einer Breite von 3 bis 4 m bei Rammattacken gut zu manövrieren. Die Ruderer saßen dicht gedrängt in drei Ebenen übereinander. Zusammen mit der Besatzung für die Segel und dem übrigen Bordbetrieb kam man so auf 200 Mann, davon allein 170 Ruderer. Die Triere war kaum länger als eine herkömmliche Pentekontere, aber im Vergleich zu dieser eine echte Renn- und Kampfmaschine, die bei voller Fahrt bis zu 12 Stundenkilometern erreichen konnte, an Bord hingegen nur den Komfort einer Sardinenbüchse bot. Selbst Proviant musste draußen bleiben, von Gepäck ganz zu schweigen – und wer für den Ruderdienst unter Deck eingeteilt worden war, dem stand schweißtreibende und knochenharte Arbeit in heißer, fauliger Luft und größter Enge bevor.

Brauchte man 30 oder 50 Mann, konnten die Schiffe nun kürzer ausfallen als die einreihigen Tria- oder Pentekonteren und wurden dadurch zwangsläufig leichter und wendiger. Natürlich vollzog sich diese Innovation nicht über Nacht, sondern über mehrere Jahrhunderte. Doch sie sollte Folgen haben. Den innovativen Anfang machten die Phönizier – sie entwickelten den Zweireiher. Korinther und andere übernahmen die Weiterentwicklung. Einer schaute beim anderen zu oder ab und schließlich nutzten alle ähnliche Schiffe. Phönizisch, griechisch, etruskisch? Anhand der Form kann man sie kaum unterscheiden und auch die Fracht liefert angesichts der weiträumigen Handelskontakte und Vernetzung nur selten verlässliche Hinweise auf diese Frage.

Stabil und wasserdicht?

Eine besondere Herausforderung war es, die Schiffsplanken so dicht wie möglich miteinander zu verbinden. Bei den bronzezeitlichen und phönizischen Wracks zeigte sich, dass man hierfür die Nut-Feder-Verbindung gewählt hatte. Auch das Wrack von Uluburun war so konstruiert. Die langen eichenen Federn waren mit Holznägeln fixiert und versteiften den Rumpf so, dass offenbar auf Spanten verzichtet werden konnte.

Außerhalb des ostmediterranen Raums setzte sich die Nut-Feder-Technik zunächst nicht durch. Dort wurden die Planken zusammengeschnürt oder genäht, das heißt, die in regelmäßigen Abständen durchlochten und bis zu 6 cm starken

Planken wurden mit Schnüren zusammengebunden. Plankennähte, Bohrlöcher und andere Hohlräume dichtete man mit Pech, Harz und getränkten Stoffstreifen ab.

Der Bau des Rumpfs erfolgte nach dem »shell first«-Prinzip. Zuerst wurde die Schale gebaut und anschließend zur Stabilisierung des Bootskörpers Kiel und Spanten eingesetzt. Das »skeleton first«-Verfahren, bei dem zuerst die Innenkonstruktion, das Skelett, und dann die äußere Beplankung gefertigt wird, gewann erst in nachchristlicher Zeit an Bedeutung.

Ein aufschlussreiches Indiz lieferten die Schiffswracks von Mazarrón. Für den Bau der Schiffe, die im 7. Jh. v. Chr. vor der südspanischen Küste sanken, hatte man verschiedene Holzarten verwendet: für den Kiel das sehr harte Holz der Libanonzeder, für die Nut-Feder-Verbindungen das gleichfalls widerstandsfähige, aber leicht zu schnitzende Olivenholz, für die Seitenplanken Kiefer, für die Spanten Feigenholz. Kein Einzelfall – auch an anderen Wracks ließen sich unterschiedliche Holzarten nachweisen. Das Material wurde demnach funktionsspezifisch gezielt eingesetzt.

Von Israel bis Spanien

In den letzten 50 Jahren wurden mehrere phönizische Wracks an der israelischen Küste (Ashkelon) sowie an der Küste Südspaniens entdeckt. Obwohl sie schlecht erhalten sind, lassen sie kaum Zweifel daran, dass die Phönizier des 8. bis 6. Jh. v. Chr. sich auch mit kleinen Schiffen fortbewegten. So messen die beiden Wracks, die 33 Seemeilen vor der Küste von Ashkelon (Israel) geborgen werden konnten – Tanit und Elissa – um die 14 m, die Boote von Mazarrón sogar nur 7 bis 8 m Länge.

Die Wracks von Ashkelon stammen von Schiffen, die beide eventuell nach Ägypten unterwegs und wohl nach dem Auslaufen gesunken waren. In den Laderäumen beider Schiffe befanden sich mit Wein gefüllte Amphoren, rund 400 Exemplare konnten jeweils geborgen werden.

Hinzu kamen weitere mit Harz gefüllte Gefäße und eine Amphore mit purpurfarbenen Wollfasern. Unklar ist die Konstruktion der Schiffe, doch angesichts der Ladung spricht vieles für einen Frachtraum mit Oberdeck, schließlich benötigte ja auch die Schiffsbesatzung ein wenig Platz, selbst dann, wenn sie die Nächte an Land verbrachte.

Die vor der spanischen Küste entdeckten Wracks transportierten gänzlich andere Waren: Metallbarren und Elefantenstoßzähne. An Spanien interessierten die Phönizier vor allem die zahllosen Minengebiete für Blei, Eisen, Kupfer und Silber im Hinterland. Das 1994 entdeckte Wrack 2 von Mazarrón hatte 2800 kg Bleibarren und das Wrack von Bajo de la Campana eine unbekannte Menge an Zinnbarren an Bord. Auch das Wrack von Rochelongue (Frankreich) umfasste einen Metalltransport, darunter 800 kg Kupferbarren, Zinnbarren sowie Werkzeuge, Waffen, Schmuck, wahrscheinlich Metallschrott zum Recyceln. Das Elfenbein aus dem Wrack von Bajo de la Campana stammte natürlich nicht aus Spanien, sondern aus dem afrikanischen Raum bzw. von der Levante. Bis zum 6. Jh. v. Chr. hatte Tyros das Monopol für den Handel mit Elfenbein und verhandelte dieses offenbar auch als Rohstoff.

Auf allen Wracks wurden Geschirr und Geräte nachgewiesen, die wohl von der Besatzung stammen. Hinweise auf Feuerquellen fehlen. Offenbar hatte man nur eine kurze Strecke geplant, sich auf kalte Küche eingestellt oder wollte abends an Land gehen. Schon allein um die Frischwasservorräte aufzufüllen, war dies ohnehin nötig, denn bei vollem Frachtraum war für derlei Dinge meist kein Platz.

Warum die Schiffe kenterten, ist unklar. Ungünstige Winde, zu schwere Ladung, aber sicher keine Piraten – die hätten gerade in den flacheren Gewässern die Ladung nicht einfach so auf Grund sinken lassen. Auch die Fahrtrouten lassen sich nicht zweifelsfrei rekonstruieren. Alle Schiffe dienten der Warenbeförderung, doch längst nicht alle Produkte waren phönizischer Provenienz. Die phönizischen Händler beförderten also nicht mehr nur Waren direkt von A nach B, sondern betätigten sich mittlerweile als Vermittler, Transporteure und Zwischenhändler, und die Frachten lassen vermuten, dass sie sich offenbar auf bestimmte Produktgruppen spezialisiert hatten.

Eine Grundvoraussetzung für den phönizischen Handel waren neben Waren, Kunden und Schiffen die Häfen. Kleine Buchten, vorgelagerte Inseln oder komplex organisierte Hafenanlagen – das Spektrum der Erscheinungsformen war groß und an zentralen Orten gab es sogar mehr als eine Hafenanlage. So verfügte Tyros über einen Hafen nach Norden, einen nach Süden sowie weitere Außenhäfen. Vielerorts hat man die Ladung auch einfach nur am Strand gelöscht, denn trotz der intensiven Handelsaktivitäten in Südspanien wurden hier bisher keine Hafenanlagen entdeckt – vielleicht sind sie aufgrund der starken Veränderungen der Küstenlinien heute verlandet.

Auch wenn der Ruf der Phönizier im Laufe der Jahrhunderte litt, blieben ihre nautischen Fähigkeiten unwidersprochen. Selbst seitens der Griechen war ihnen diesbezüglich volle Anerkennung gewiss. *»Die Phönizier waren die Ersten, die die Meere durchpflügten«* – ließ kein geringerer als Homer (Scholion Il,XXIII,744) die Nachwelt wissen.

Holztransport mit Schiffen, Flachrelief vom Palast Sargon II. in Dur-Sharrukin, (heute Khorsabad, Irak), 8. Jh. v. Chr., Louvre, Paris.

Let’s go west – die Griechen

Während die Phönizier vom 10. bis 8. Jh. v. Chr. ein dichtes Netz an Stützpunkten zwischen den Inseln und Küsten des Mittelmeeres knüpften, erholte sich die griechische Welt vom Zusammenbruch ihrer Reiche. An den Flussmündungen und in den fruchtbaren Ebenen entlang der Küsten wurden erste Kleinstädte gegründet, die sich im Laufe der Zeit zu blühenden Stadtstaaten entwickelten. Ihre Anziehungskraft veranlasste immer mehr Menschen, ihre kargen Bergdörfer zu verlassen und in die Städte zu ziehen.

Schon bald waren die Grenzen der Aufnahmekraft erreicht und im 8. Jh. v. Chr. setzte ein Vorgang ein, der als »Griechische Kolonisation« in die Geschichte einging. Was wie eine große abgestimmte Bewegung anmutet, bestand in Wirklichkeit aus unzähligen Einzelaktivitäten, denn noch verstanden sich die Griechen längst nicht als Volk, sondern als Ionier, Dorer, Phokaier oder als Athener, Korinther und Spartaner. Folgerichtig konnten der Auswanderung sehr unterschiedliche Motive zugrunde liegen: die Suche nach neuen Rohstoffquellen, Landknappheit, Überbevölkerung und Hunger. Aber Anlass gaben auch interne Machtkämpfe oder Konflikte zwischen angestammten Eliten und sozialen Aufsteigern, den sogenannten »Neureichen«, oder äußere Bedrohung, wie die im 6. Jh. v. Chr. auf Phokaia, eine Stadt an der Küste Kleinasiens, vorrückenden Perser. In all diesen Fällen gab es nur eine Lösung: Auswandern!

Der Poseidontempel, im 5. Jh. v. Chr. auf Kap Sounion an der südlichen Spitze Attikas errichtet, bot Gelegenheit, den Gott des Meeres mit Weihe- und Opfergaben um eine ruhige See zu bitten.

Zu neuen Ufern

Angehörige adliger Familien, offenbar meist junge Männer, setzten sich an die Spitze der Bewegung. Ihr Blick richtete sich gen Westen – nach Süditalien, Sizilien und Südfrankreich, später auch an die Küsten der Adria. Den Anfang machte die Insel Euböa mit den Städten Chalkis und Eretria. Auf ihr Konto gingen allein sieben Neugründungen in Süd-, Mittelitalien, Sizilien und Ischia. Euböa verfügte über beachtliche Holz- und Kupfervorkommen und betrieb Weinanbau. Im Unterschied zu anderen Städten war es in diesem Fall also kaum die Not, die die Bewohner in die Fremde trieb. Offenbar wollte Euböa ein Drehkreuz zwischen den westlichen und östlichen Handelsnetzen im Mittelmeer werden. Die zeitgleiche Einrichtung eines Handelskontors in al-Mina, wo sich ab 825 v. Chr. Griechen, Phönizier, Aramäer und viele andere begegnen sollten, unterstrich dieses Anliegen.

Längst nicht jede Region war unbesiedelt und nicht überall wurden die Neuankömmlinge begeistert willkommen geheißen. Es kam zu Konflikten, doch die griechischen Einwanderer

Sostratos von Aigina – ein griechischer Händler

Sostratos war Aristokrat und lebte im 6. Jh. v. Chr. auf Aigina, einer kleinen Insel im saronischen Golf. Er verschiffte Keramik nach Norditalien und sandte Schiffe zu den Silberminen Spaniens. Er erstand Eisen in Etrurien und verhandelte es mit Gewinn in den ägäischen Raum. Dank seiner weitreichenden Kontakte agierte er als Überseehändler im gesamten Mittelmeerraum – von Spanien bis in die Ägäis und nach Ägypten. Sein Selbstverständnis und sein Wohlstand beruhten auf der Größe seiner Schiffe, der Kunst der Seefahrt und seinem Wagemut. Er war ein durchaus repräsentativer Vertreter seines Standes und laut Herodot einer der berühmtesten und reichsten Händler seiner Zeit.

kannten kein Pardon: Widerstand wurde gebrochen, Dörfer zerstört, Einheimische vertrieben. Im Unterschied zu den Phöniziern wollten die Griechen nicht nur Handel treiben. Sie waren gekommen, um zu bleiben und von hier aus weiter zu expandieren. So entfalteten sie zuweilen Aktivitäten, mit denen sie bewusst in Konkurrenz zu ihren Nachbarn traten. Im Laufe der Zeit brachten die Griechen die Schiffsroute nach Ischia und Etrurien, die Straße von Messina und Zug um Zug den Italienhandel unter ihre Kontrolle. Vor allem Karthago, die phönizische Kolonie und stärkste See- und Handelsmacht der Region, betrachtete das Treiben, allen voran die Handelsaktivitäten der Phokaier, mit Argusaugen.

Später wandten sich die griechischen Auswanderer wegen der Vorkommen von Eisen, Kupfer und silberhaltigem Blei auch nach Osten, in Richtung Propontis, Bosporus und Schwarzes Meer. Gegen Ende des 6. Jhs. v. Chr. kam die Wanderbewegung zum Erliegen. Von Nordspanien bis ans Schwarze Meer waren 250 Siedlungen entstanden. Die neu gegründeten Kolonien lagen allesamt an der Küste. *»Wir wohnen nur in einem kleinen Teil der Erde … rings um das Meer, so wie Ameisen oder Frösche um einen Tümpel herum«*, beschrieb Platon zutreffend die Lage (Platon, Phaidon 109b).

Neue Städte

Mit den griechischen Auswanderern verbreitete sich das Modell des unabhängigen Stadtstaates – der *polis* – über den gesamten Mittelmeerraum. Dank der Neugründungen und der mit ihnen einhergehenden Bautätigkeiten wuchs die Nachfrage nach Baumaterialien und anderen Rohstoffen. Sobald der ortsansässige Adel es sich leisten konnte, verlangte es ihn nach Luxus. Zusammen mit den Mutterstädten bildeten die Kolonien nun ein Netzwerk, in dem Rohstoffe und Produkte im- und exportiert wurden. Schon im 7. Jh. v. Chr. erstreckte sich das Handelsnetz einer Stadt wie Korinth von der Rhône im Westen über die Kykladen bis zum Schwarzen Meer und nach Ägypten mit zeitweiligen Handelsmonopolen in Sizilien und Süditalien.

Dabei beruhte der Handel der griechischen Städte bis zur Einführung des Münzverkehrs auf Warentausch: Keramik, Öl und Wein gegen Metalle, Perlen und Sklaven. Ab dem 6. Jh. v. Chr. kamen über die Korinther Silbermünzen in den Verkehr. Damit konnten ab sofort richtiggehende Geschäfte getätigt werden.

Wohlstand durch Handel

Binnen Kurzem ließen sich im Seehandel Umsätze erzielen, die die Einkünfte eines Großgrundbesitzers bei Weitem übertrafen. Das Geschäft setzte allerdings eine umfassende und weiträumige Planung und Organisation voraus und war mit vielen Risiken verbunden. Doch mit etwas Glück konnte man in kurzer Zeit reich werden – auch Nichtadligen boten sich im

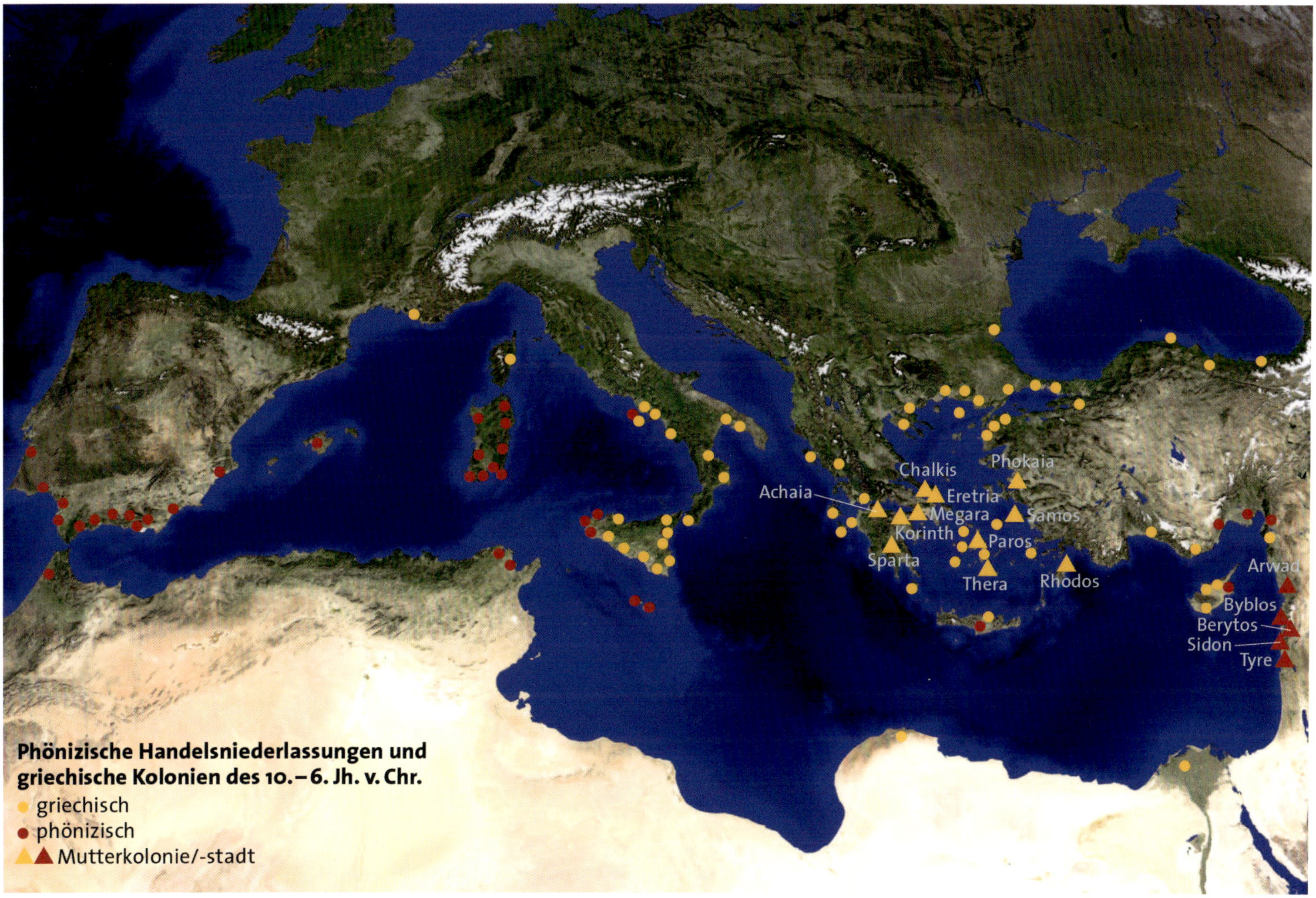

Handel echte Aufstiegschancen. Spätestens im 4. Jh. v. Chr. hatten die Adligen ihr Handelsmonopol eingebüßt und auch die Handelsformen hatten sich grundlegend verändert. So war es mittlerweile durchaus üblich, dass Händler über Darlehen Schiffe charterten, Ware kauften oder Transporte finanzierten und sich dazu auch mit mehreren anderen Händlern zusammentaten. Bei einigen Warengruppen, wie zum Beispiel Getreide, wurde die Route nicht vorher festgelegt, sondern geprüft, wo man aufgrund eines Überangebots zum niedrigsten Preis kaufen oder wegen akuten Mangels zum höchsten verkaufen konnte, wie der griechische Politiker und Autor Xenophon (430–354 v. Chr.) berichtet: *»Sie fahren dorthin, wo sie hören,*

dass es die größte Menge Getreide gibt ... wenn sie nun Geld benötigen, so setzen sie es nicht an jedem Ort ab, wo sie sich gerade befinden; sondern, wo sie hören, dass es am höchsten im Preise steht und die Leute es am meisten schätzen, dorthin bringen sie es und setzen es ab« (Xenophon, Oikonomikos 20,27).

Dank ihrer Lage an vielbefahrenen Handelsrouten erfreuten sich viele Städte sicherer Einnahmen. Der Wohlstand wuchs und der wirtschaftliche Erfolg stimulierte Kunst und Wissenschaft derart, dass Cicero Jahrhunderte später rückblickend befand, dass *»den Barbarenländern gewissermaßen ein griechischer Saum angewebt zu sein scheine«* (Cicero, Der Staat 2,4,9).

Doch der Aufschwung blieb nicht ohne Folgen. Ab dem 6. Jh. v. Chr. erlebte der östliche Mittelmeerraum eine Vielzahl an Konflikten, Krisen und Kriegen. Ein gemeinsames Handeln war angesichts der Konkurrenz der Stadtstaaten untereinander sowie der Spannung innerhalb der Gemeinwesen kaum möglich. Diese Zerrissenheit der griechischen Welt lockte externe Invasoren und eröffnete auch Seeräubern neue Möglichkeiten.

Von Irrfahrern, Abenteurern und Seeräubern

Es waren die Griechen, die als Erste Worte für den Raub auf See fanden – *leistes, katapontistes* oder *peirates*. Schon ab dem 5. Jh. v. Chr. war *leistes* die gebräuchliche Bezeichnung. Katapontistes kam ein Jahrhundert später auf, wurde allerdings ebenso selten verwendet wie das ab dem 3. Jh. v. Chr. bekannte *peirates* – der Ursprung unserer *Piraten.*

Wie sich die drei Begriffe genau unterscheiden, ist unklar, jedenfalls wurden sie keinesfalls nur negativ aufgefasst. Man begegnete Seeräubern mit einer gewissen Ambivalenz. Natürlich betrachtete man in der Antike Raub durchaus als Verbrechen, doch wichtiger war vorab die Frage, wer den Raub begangen hatte. Erst der Kontext machte aus dem Seeräuber einen Abenteurer, einen Helden oder einen Kriminellen. Für den Philosophen und Wissenschaftler Aristoteles (384–322 v. Chr.) war Raub zu Land und zu See wie Landwirtschaft, Viehzucht, Fischfang oder Jagd ein ganz normaler Brotberuf. Bei Bedarf konnte man auch mehreres kombinieren – *»... so konnte der Hirte sich auch als Räuber betätigen, der Bauer als Jäger und auch andere Lebensweisen werden so miteinander kombiniert, wie es den Bedürfnissen der Menschen entspricht«* (Aristoteles, Politik I,8).

Die großen antiken Epen schildern Überfälle, Raub, Mord und Totschlag zu Land und zu Wasser als große Abenteuer und die, die sie bestehen, als bewunderte Helden. Zum Beispiel Odysseus. Einen Mann dieses Namens hat es vermutlich nie gegeben. Er ist eine literarische Fiktion. Doch das unter dem Namen Homers veröffentlichte Epos ist keine reine Erfindung, sondern mit seinen detailreichen Beschreibungen von Landschaften, Tier- und Pflanzenwelten eine Mischung aus Fantasie und Wirklichkeit. Erst um 700 v. Chr. aufgezeichnet, basiert die Darstellung vermutlich auf älteren, mündlich tradierten Gesängen und liefert damit einen Blick auf die Gedankenwelt und die Rechtsvorstellungen um die Jahrtausendwende in der griechischen Welt.

Helden oder Seeräuber?

Dank Homer wurde Odysseus der berühmteste Irrfahrer der Weltliteratur: Ein hoher Herr aus Ithaka, den es aufs Meer verschlägt und der angeblich nur zurück nach Hause will. Dazu muss er zwischen Griechenland, Tunesien, Sizilien und Kalabrien zahllose Gefahren meistern, vielen Versuchungen widerstehen, und als er schließlich heimkehrt, findet er dort die Freier, die sich auf seine Kosten amüsieren, seine Frau bedrängen und die er in einem blutigen Handstreich ins Jenseits befördert. Was für ein Held!

Doch der Hauptdarsteller dieser Heldensage war ein Seeräuber, seine Irrfahrt nichts anderes als ein privater Beutekrieg und das Blut an seinen Fingern stammte nicht nur von verzweifelten Fluchtversuchen, wie er selbst zugibt: *»Gleich von Ilion trieb mich der Wind zur Stadt der Kikonen, Ismaros hin. Da verheert› ich die Stadt und würgte die Männer. Aber die jungen Weiber und Schätze teilten wir alle unter uns gleich, dass keiner leer von der Beute mir ausging«* (Homer, Odyssee 9,40).

Überfall, Mord, Entführung, Raub und anschließend die Beuteverteilung an die gesamte Crew – eine beachtliche Deliktpalette und dennoch schwingt in dem Bericht nichts Negatives mit und ist der von Homer verwendete Begriff »Räuber« keinesfalls abfällig gemeint. Ebenso an anderer Stelle: Gleich zwei Gastgebern – Nestor und Polyphem – legt Homer in seiner Odyssee folgende Fragen in den Mund: *»Oh Fremde wer seid ihr? Woher kommt ihr auf den nassen Wegen der Gewässer? Seid ihr geschäftlich unterwegs oder fahrt ihr zufällig hin und her, so wie es Seeräuber zu tun pflegen, die herumfahren, dabei ihr Leben riskieren und Unglück über andere bringen?«* (Homer, Odyssee 3,71; 9,252).

Ob die Fragenden tatsächlich eine ehrliche Auskunft erwarteten? Homer lässt seine Helden eher ausweichend antworten. Gleichwohl, die Frage durfte einfach so gestellt werden. Und sie bringt noch Weiteres zum Ausdruck: Händler oder Seeräuber ließen sich nicht voneinander unterscheiden. Seeräuber jener Zeit hatten keine Erkennungsmerkmale und der später so gebräuchliche Jolly Roger, die Totenkopfflagge, sollte erst im 17. Jh. gebräuchlich werden. Erst die Reiseabsicht gab preis, wen man also vor sich hatte: Der Händler hatte ein klares Ziel, dagegen waren Seeräuber auf »Suchkurs« und nahmen, was sie kriegen konnten.

An anderer Stelle macht Homers Odysseus aus seiner Profession keinen Hehl und bekennt: *»Einer regelmäßigen Arbeit nachzugehen aber war nicht mein Ding und für Hauswirtschaft, wo es darum geht, Kinder großzuziehen, hatte ich kein Händchen. Was ich dagegen liebte, waren Ruderboote, Krieg und Gewalt, blank polierte Speere und gefiederte Pfeile: schreckenerregende Dinge, die andere mit Grauen erfüllen. Diese Sachen waren mir aber vertraut geworden … weil ein Gott sie mir ans Herz gelegt hat. Jeder liebt halt einen anderen Beruf«* (Homer, Odyssee 14,224–225). Odysseus' Kriege hatten freilich vor allem ein Ziel – reiche Beute.

Ruhelose Abenteurer

So verwundert es auch nicht, dass Homer seinem Helden nach 20 Jahren Irrfahrt keinen verdienten Ruhestand gönnt und Odysseus seiner überraschten Gattin offenbart: *»Denn mir befiehlt der erleuchtete Seher, fort durch die Welt zu gehen, in der Hand ein geglättetes Ruder, immerfort, bis ich komme zu Menschen, welche das Meer nicht kennen und keine Speise gewürzt mit Salze genießen. Welchen auch Kenntnis fehlt von rot geschnäbelten Schiffen und von geglätteten Rudern, den Fittichen eilender Schiffe. Deutlich hat er sie mir bezeichnet, dass ich nicht irre. Wenn ein Wanderer einst, der mir in der Fremde begegnet, sagt, ich trag eine Schaufel auf meiner rüstigen Schulter, dann soll ich dort in die Erde das schön geglättete Ruder stecken und Opfer bringen dem Meerbeherrscher Poseidon, einen Widder und Stier und einen mutigen Eber; drauf zur Heimat kehren und opfern heilige Gaben«* (Homer, Odyssee 23,269).

Es gehört wenig Fantasie dazu, sich vorzustellen, wie dieses »durch die Welt gehen« finanziert wurde; und auch sein Anwesen auf Ithaka sowie der dortige Luxus beruhten nicht nur auf ehrlicher Hände Arbeit. Beute war ein Schlüsselfaktor der Ökonomie, der Beutekrieg nicht nur im Epos, sondern auch in der Realität eine übliche Erwerbsform. Demgemäß waren die zeitgenössischen Hörer dieser Geschichte weder entrüstet noch empört. Odysseus war einer von ihnen, Herr eines großen Hofes und Raub galt als legitimes Mittel, um zu Wohlstand zu kommen. Auch Menelaos peinigt kein Unrechtsbewusstsein, als er dem jungen Telemach, dem Sohn von Odysseus, berichtet: *»Indem ich in fernen Ländern umherirrte, habe ich all dieses ungeheure Vermögen gesammelt«* (Homer, Odyssee 4,89). Dabei

Um den betörenden Gesang der Sirenen hören zu können, ohne ihm allerdings zu erliegen, ließ sich Odysseus für die Fahrt entlang der Sireneninsel von seinen Männern am Mast des Schiffes festbinden. Seiner Besatzung befahl er, die Ohren mit Wachs zu verschließen.

dürfte es sich bei dieser »Irrfahrt« gleichfalls um eine Beutefahrt gehandelt haben.

Auf die jungen griechischen Aristokraten übten derartige Erzählungen einen besonderen Reiz aus, zumal es in diesen von heranwachsenden abenteuerhungrigen Männern nur so wimmelte. Telemach, Jason, Theseus, Paris, Hektor – sie alle trieb die Sehnsucht auf das Meer. Die Seefahrt bot ihnen die Möglichkeit, heimatlicher Enge zu entfliehen, um in weiter Ferne eine Bewährungsprobe zu bestehen und die ersten wirklichen Abenteuer zu erleben. Wer die Furcht vor dem Meer überwand, galt als Mann. Doch nicht nur der Wunsch nach Freiheit, Abenteuer, Ruhm und Reichtum machte Männer zu Seeräubern, sondern auch die sich bietende Gelegenheit – ein angeblicher Feind, ein fremdes Schiff, die wohlhabende Küstenstadt. Die Grenzen waren fließend. Zwischen Abenteuer, Seeraub und Krieg bestand kein Unterschied. Der Zweck heiligte die Mittel. Nach den Gefühlen der Entführten, Verschleppten, Ausgeraubten fragte niemand, sie waren wie zufällig in die Szenerie geratene Statisten. Und auch die Frage nach Recht und Unrecht stellte sich nicht, nicht im Epos und vorerst ebenso wenig in der Realität.

Seeräuber als Stadtgründer

Die epischen Piraten kehrten irgendwann als Helden zurück in ihre Heimat. Von der Realität berichtet Thukydides, der Historiker: *»Zankle wurde von Piraten aus Cume gegründet … aber nach ihnen kamen aus Chalcis und von Euböa viele, die es besiedelten … und der Name war zuerst Zankle, nach der Bezeichnung zanclon für Sichel. Aber die Bewohner wurden später vertrieben … als andere aus Ionien über sie herfielen«* (Thukydides, Geschichte des Peloponnesischen Krieges 6,4,5). Piraten als Auswanderer? Zankle wurde um 730 v. Chr. auf Sizilien gegründet. Die Ersten, die ihre Mutterkolonien verließen, dürften junge Männer gewesen sein, die in ihrer Heimat keine Karrierechancen sahen, aber immerhin über ein Schiff verfügten. Schon dies deutet auf einen eher adligen Hintergrund hin. Neue Siedlungsareale auszukundschaften, versprach eine Reise ins Ungewisse, also Abenteuer. Raubüberfälle finanzierten den Trip, hielten die Mitfahrer bei Laune oder waren das Startkapital für den Neuanfang. Alles zusammen verhieß zunächst einmal Aussicht auf Ruhm. Dass der gewählte Ort offenbar so attraktiv war, dass ihn auch andere begehrten, zeigt vor allem, wie groß die Not, die Ambition oder die Konkurrenz in jenen Tagen war.

Immer die anderen!

Als die Griechen aktiv in den Seehandel einstiegen und selbst ein Interesse an sicheren Seewegen und Küsten entwickelten – denn die meisten Seeräuberüberfälle ereigneten sich ja an Land und nicht auf hoher See –, begann sich ihre Einstellung gegenüber den vermeintlich nur abenteuerlustigen Seeräubern zu verändern. Wer konnte schon sagen, wer als Nächstes überfallen werden würde? Das Image der räuberischen Helden verlor an Glanz, immer häufiger galt nun Piraterie als Verbrechen. Doch selbst diese Lesart bot ein Schlupfloch: Seeräuber waren immer die anderen. Der Vorwurf der Piraterie richtete sich gegen den Gegner und rechtfertigte so das eigene, kaum weniger brutale Vorgehen. Damit wurde eine Argumentation eingeführt, die bis weit in die Neuzeit Bestand haben sollte.

Mehr Piraten?

Folgt man den antiken Schriftquellen, nahm die Piraterie im östlichen Mittelmeerraum ab dem 6. Jh. v. Chr. deutlich zu. Immer häufiger ist von Piratenhochburgen die Rede. In vielen Landstrichen reihte sich demnach ein Piratennest an das nächste. Vorkommnisse, Beschwerden und Hilfegesuche häuften sich. Reihenweise wechselten verdienstvolle Flottenkommandeure mitsamt ihren Truppen auf die Seite der Seeräuber. Überfälle auf Küstenorte waren an der Tagesordnung, Küstenbewohner lebten in Angst und Schrecken, und wer sich für eine dringende Geschäftsangelegenheit auf ein Schiff begab, lief mit nahezu sicherer Wahrscheinlichkeit Gefahr, Opfer eines Piratenüberfalls zu werden und als Geisel gegen Lösegeld freizukommen oder auf dem nächstbesten Sklavenmarkt verkauft zu werden. Die Piraterie glich einer Epidemie, die bis in den letzten Winkel des Mittelmeeres vordrang und zeitweise den Seehandel zum Erliegen brachte – so weit die Kurzfassung. Kann das wirklich stimmen?

Die Antwort auf diese Frage ist nicht einfach. So ist die Zahl der Quellen ungeachtet der scheinbaren Fülle gering. Viele der Texte wurden sehr viel später abgefasst, manche klingen einseitig oder gar tendenziös. Von jenen Bevölkerungsgruppen, die besonders häufig der Piraterie bezichtigt wurden, fehlt jegliche Darlegung ihrer Sicht der Dinge. Eine angemessene Beurteilung scheint demnach kaum möglich. Die Frage muss folglich anders gestellt werden: Wie wahrscheinlich ist eine so gravierende Zunahme der Piraterie in jener Zeit? Und handelt es sich bei allen Angeklagten wirklich um Seeräuber?

Die Zahl und Verschiedenartigkeit der überlieferten Texte zeigt, wie sehr das Thema seinerzeit die Menschen bewegte. So finden sich nicht nur historische Abhandlungen, sondern ebenso Inschriften, überlieferte Reden, Gesetze und Verträge. Seeräuber avancierten zudem zu beliebten Bösewichten in der antiken »Belletristik«, wobei es in diesen Werken am Ende immer gut ausging und die Liebenden, die ein Piratenüberfall und ein anschließendes Sklavenschicksal über Jahre hinweg getrennt hatte, sich zufällig begegneten, um dann in Liebe vereint bis ans Lebensende zusammenzuleben. In der Wirklichkeit waren solche Happy Ends eher selten. Aber wie groß war die Gefahr wirklich? Gut möglich, dass antike Berichte auf Missverständnissen, bewussten oder unbewussten Fehleinschätzungen beruhten oder gar der Propaganda dienten. Doch auch dies hatte Ursachen und diente einem Zweck.

Der Nährboden – Streit, Konflikte, Kriege

Ab dem 6. Jh. v. Chr. kam es im östlichen Mittelmeerraum zu einer Zunahme an Konflikten. Ursache waren Versorgungsengpässe,

Konkurrenz, Streitigkeiten, Machtkämpfe – intern und extern, lokal, regional und überregional. Immer loderte irgendwo ein neuer Krisenherd oder wuchs sich aus zum Flächenbrand.

Der Raum für lokale Konflikte waren die Städte und Stadtstaaten. Der Überseehandel hatte nichtadligen Personen den Weg zum Wohlstand eröffnet. Nun forderten diese den Zugang zur Macht. Wo aufgrund dynastischer Nachfolgestreitigkeiten die politische Spitze ohnehin geschwächt war, bereitete der Weg nach oben keine Mühe. Nicht selten jedoch erkämpften sich die Aufsteiger oder »Neureichen«, wie sie abschätzig genannt wurden, den Weg an die Spitze mit erbitterter Härte.

Ein weiteres Konfliktfeld waren die Beziehungen zwischen Mutterstadt und Kolonie. Bestrebungen nach Selbst- und Eigenständigkeit aufseiten der jungen Kolonien stießen nicht selten auf Widerstand und mündeten in kriegerischen Auseinandersetzungen.

Auch zwischen den Städten kam es vermehrt zum Streit. Anlass hierfür konnten die äußerst begrenzten Acker- und Weideflächen oder einträgliche Rohstoffquellen sein. Angesichts steigender Bevölkerungszahlen wurde die Versorgung gerade mit Getreide zu einem immer drängenderen Problem. Ein Großteil des Getreides kam aus der näheren Umgebung, aus der Ägäis, aus Thrakien sowie von Lemnos, Lesbos oder Euböa. Doch spätestens ab dem 4. Jh. v. Chr. musste vom Schwarzen Meer und aus Sizilien importiert werden. Zwar förderte dies die Vernetzung vom Schwarzen Meer über die Ägäis bis nach Sizilien und Mittelitalien, doch Städte wie Korinth oder Athen, das im 5. Jh. v. Chr. Schätzungen zufolge an die 300 000 Menschen bewohnten, waren auf die regelmäßigen Lieferungen über den Seeweg existenziell angewiesen, sonst drohten Hungersnöte und soziale Unruhen. Allein 100 000 t Getreide wurden in Athen alljährlich benötigt. Verirrte sich ein fremdes Schiff in einen attischen Hafen, so wurde es gezwungen, zwei Drittel seiner Getreideladung an Athen zu verkaufen. Eine geregelte Getreideversorgung war Garant für sozialen Frieden und damit die Achillesferse der immer größer werdenden Gemeinwesen.

Darstellung eines griechischen Kriegsschiffes mit Ruderern und Steuermann, darunter ein Zweikampf, um 550 v. Chr., Louvre, Paris.

Zudem gewannen zwischen den sich allmählich zu veritablen Staaten entwickelnden Städten nunmehr Machtinteressen an Bedeutung. So wuchs sich der Peloponnesische Krieg (431–404 v. Chr.), bei dem es ursprünglich nur um Handelsinteressen Korinths im adriatischen Raum gegangen war, im Verlauf von 27 Jahren zu einem Machtkampf um die Vorherrschaft zwischen Athen und Sparta aus, der schließlich den gesamten griechisch sprechenden Raum bis nach Sizilien in Mitleidenschaft zog. Selbst Etrusker, Karthager und Perser wurden in das Kriegsgeschehen verstrickt, das mit einem Sieg Spartas endete.

Noch gravierender waren allerdings externe Bedrohungen. Die politische Landschaft im Osten veränderte sich. Neue expandierende Großmächte betraten die politische Bühne und schmiedeten Eroberungspläne in Richtung Westen: Perser, Makedonen, Ptolemäer, Seleukiden. Schon im 5. Jh. v. Chr. unternahmen die Perser erste Versuche, den griechischen Raum zu erobern, die schicksalsträchtigen Schlachten von Marathon (490 v. Chr.), die Seeschlacht von Salamis (480 v. Chr.) und die Schlacht von Plataiai, an der mehr als 31 Städte beteiligt waren, sowie die von Kap Mykale (479 v. Chr.) markieren die militärgeschichtlichen Höhepunkte dieser am Ende für die Griechen siegreichen Auseinandersetzung. Antiken Berichten zufolge wurden bei den Seeschlachten auf persischer Seite mehr als 1000 phönizische Schiffe aufgeboten.

Nach der Schlacht von Salamis gab es kaum mehr ein Jahr, in dem die Athener nicht irgendwo im östlichen Mittelmeerraum militärisch unterwegs waren: Inseln wurden erobert, weiterhin persische Einheiten bekämpft oder unzuverlässige Bundesgenossen auf Linie gebracht. Athen drängte auf Machterweiterung und lebte vom militärischen Erfolg. Damit stand es nicht alleine. Auch seine Kolonien verfolgten mittlerweile machtstrategische Ziele.

Dionysos aus Phokaia – ein General auf Abwegen

Im Jahr 495 v. Chr. kommandierte Dionysos im Ionischen Aufstand die griechische Flotte im Kampf gegen die Perser. Zwar gelang es ihm, drei persische Schiffe zu kapern, ein echter Sieg glückte ihm jedoch nicht. Anstatt in seine Heimatstadt Phokaia zurückzukehren, überfiel er in der Levante phönizische Schiffe. Mit diesem Startkapital begab er sich nach Sizilien. Dort ließ er sich nieder und baute sich eine neue wirtschaftliche Existenz auf – nicht als braver Landmann, sondern mit Überfällen auf die Schiffe der Karthager und Etrusker. Griechische Frachter verschonte er – aus reiner Loyalität. Deshalb ging er auch nicht als Seeräuber in die Überlieferung ein. Griechen waren doch keine Seeräuber!

Mitte des 4. Jhs. v. Chr. trat abermals eine externe Bedrohung auf den Plan. Jetzt waren es die Makedonen unter Führung ihres Königs Philipp II., deren Expansionspläne auf einen Zugang zum Meer abzielten. Ab 354 v. Chr. forderten sie Athen, Theben, Sparta und andere heraus. Fünfzehn Jahre später beherrschte Philipp II. bereits die nördliche Ägäis, 338 v. Chr. besiegte er Athen, Theben und deren Verbündete bei Charoneia. Nachdem Philipp II. ermordet worden war, übernahm sein Sohn Alexander, besser bekannt als Alexander der Große, dessen Nachfolge und vom Korinthischen Bund das Mandat gegen die Perser. Der Krieg ging weiter und die Makedonen wurden zur führenden Seemacht im östlichen Mittelmeerraum.

Nach dem Tod Alexanders und dem Niedergang Makedoniens entstanden drei Machtzentren – die Ptolemäer in Ägypten, die Seleukiden auf dem Territorium der Perser und die

Antigoniden im Kernland Makedoniens. Für alle drei war der Zugriff aufs Meer sowie die Kontrolle über Seerouten und Handelswege von zentraler Bedeutung. Seekriege waren auch Handelskriege. Immer häufiger begegnete man sich in eindeutiger Absicht auf dem Meer.

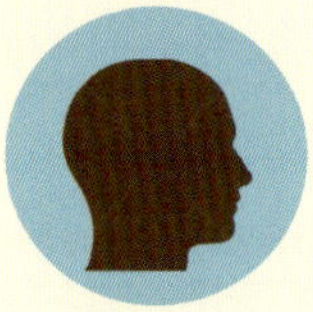

Polykrates von Samos – Fortschritt durch Seeraub

Polykrates blickte schon auf eine ziemlich gewalttätige Geschichte zurück, bevor er sich um 546 v. Chr. auf Samos zum Alleinherrscher aufschwingen konnte. Er hatte geraubt, gemordet, Inseln erobert, Menschen entführt und mit seinen Schiffen und Bogenschützen das Meer unsicher gemacht. Doch als neuer Herrscher von Samos brachte er erst einmal Schwung ins örtliche Gewerbe, sorgte für eine verlässliche Wasserversorgung und zog zahlreiche Handwerker und Künstler an seinen Hof. Außerdem entwickelten seine Konstrukteure angeblich ein Schiff, das sich offenbar blitzschnell von einem harmlos aussehenden Frachter in ein hochgefährliches Kriegsschiff umrüsten ließ. Damit begab er sich auf ausgedehnte Kaperfahrten oder zwang Schiffe auf hoher See, den Hafen von Samos anzulaufen, wo er ihnen hohe Gebühren abknöpfte. Mit diesen bezahlte Polykrates seine Ruderer und Söldner, baute neue Schiffshäuser und Hafenanlagen. Sein Höhenflug fand ein tragisches Ende: 522 v. Chr. wurde er ermordet. Doch er geriet nicht in Vergessenheit. Friedrich von Schiller setzte ihm mit der Ballade »Der Ring des Polykrates« ein literarisches Denkmal.

Antikes Wettrüsten

Die Kriegsführung änderte sich. Zentrale Auseinandersetzungen wurden vermehrt auf dem Meer ausgefochten, viele Entscheidungskämpfe waren Seeschlachten. Das erforderte manövrierfähige und kampftüchtige Kriegsschiffe und mit der zunehmenden Zahl maritimer Auseinandersetzungen erhielt die Entwicklung leistungsstarker Kriegsschiffe oberste Priorität. Das Wettrüsten begann. Alsbald besaß im Club der Mächtigen und jener, die es werden wollten, jeder eine Trierenflotte. Schon für das 6. und 5. Jh. v. Chr. nennen die Quellen beachtliche Zahlen. Demnach verfügte Samos unter der Herrschaft des Polykrates (538–522 v. Chr.) angeblich über 100 Fünfzigruderer und 40 Trieren, Salamis über 90 Trieren, Kerkyra über 100 Trieren, Korinth über 150 Trieren. Athen beschloss 482 v. Chr., seine Gewinne aus den Silberminen von Laurium nicht wie sonst an die Bürger zu verteilen, sondern in den Bau von 200 Trieren zu investieren, um hierdurch die maritime Oberhand zu gewinnen. Ein Jahr später waren es schon 300 und jährlich sollten 20 neue hinzukommen. Damit verfügte Athen bald über die mächtigste Kriegsmarine der griechischen Welt. Allein 60 Schiffe kreuzten halbjährig durch die Ägäis, um dort für Sicherheit und Ordnung zu sorgen, und dabei sollte es nicht bleiben. Andere zogen nach und so wimmelte es alsbald im gesamten Mittelmeerraum von kriegsbereiten Flotten. Doch wie konnte es in dieser von Konflikten und Machtkriegen beständig erschütterten Welt, in der überall kampfbereite Truppen lagen und »Seepolizisten« patrouillierten zusätzlich zu einer Zunahme von Seeräubern kommen?

Mein Recht ... oder: Der andere war's

Die Suche nach den Ursachen der vermeintlichen Zunahme der Piraterie führt als Erstes zur schlichten Frage: Was ist Recht, was ist Unrecht? Und damit zur Rechtsauffassung der griechischen Welt im Umgang mit Seeraub. Dieser war, gelinde gesagt, ambivalent. Verwerflich war Seeraub vor allem immer dann, wenn andere ihn begingen. Mit der Zunahme an Kriegen veränderte sich auch das Kriegsverständnis. Neben den reinen Beutekrieg trat nun der sogenannte »legitime« Krieg. Doch auch für diesen war Beute nicht unerheblich, wie der griechische Feldherr, Politiker und Schriftsteller Xenophon (430–354 v. Chr.) formuliert. »*... denn es ist ein Gesetz auf alle Zeit, dass wenn eine Stadt im Krieg erobert wird, die Menschen und ihr Eigentum dem Eroberer gehören*« (Xenophon, Kyropädie 7,5,73). Im Kriegsfall gab es also keinen Raub, sondern eine gerechtfertigte Aneignung, die Dinge und Menschen umfasste. Als »legitimer« Kriege galt eine Auseinandersetzung, der ein kriegsauslösender Anlass zugrunde lag und der zwischen zwei politischen Mächten im Idealfall auf Ansage erfolgte. Dagegen zielte ein Beutekrieg oder Raubzug nur auf Beute. Wer sich zu Unrecht angegriffen glaubte, konnte für sich das Recht auf Vergeltung in Anspruch nehmen und im Siegesfall fiel das Eigentum des Verlierers rechtmäßig an ihn. Die so in Gang gesetzte Gewaltspirale machte es immer schwieriger, zwischen illegitimem Beutekrieg und legitimem Krieg zu unterscheiden. Am Ende entschied der Stärkere, der Sieger – und in den antiken Texten der Autor, welcher Seeraub lobenswert, welcher verwerflich und mehr noch, wer in dem Spiel der Seeräuber und wer der verdienstvolle Seepolizist und Piratenjäger gewesen war.

Athener Generäle wie Iphikrates, Chares oder Charidemos führten regelmäßig Raubzüge in feindliches Gebiet oder entsandten Schiffe zu sogenannten Bündnispartnern, die eher unfreiwillig in diese Lage geraten waren und nun nicht immer einsahen, ihre Tribute zu entrichten. Legitime Maßnahmen, um Schulden einzutreiben, oder eher Beutekriege aus Habgier? Alles eine Frage der Perspektive, wie auch die Beschwerde von Philipp II. aus dem Jahr 340 v. Chr. zeigt, der sich in Athen über Callias von Euböa beschwerte, einen Alliierten der Athener: »*Er (Callias) entführte und verkaufte alle als Sklaven, die nach Makedonien segelten, und behandelte sie wie Feinde. Und ihr würdigt ihn mit einem Dank! So kann ich mir kaum vorstellen, dass die Dinge schlimmer wären, wenn ihr mir den Krieg erklärtet. Als wir einst unsere Meinungsverschiedenheiten hatten, sandtet ihr auch Seeräuber aus, die alle versklavten, die zu uns segelten; so halft ihr meinen Feinden und verletztet mein Territorium*« (Demosthenes, Reden 12,5).

Charidemos – Soldat, Seeräuber, Kapitän

Ursprünglich stammte Charidemos aus Euböa. Doch wie so vielen anderen wurde es ihm dort zu eng. So trat er in den Dienst eines Athener Generals und sammelte erste Erfahrungen als Seeräuber. Selbst Schiffe der Athener und ihrer Verbündeten wurden nicht verschont. Als es zu brenzlig wurde, setzte er sich ab. Der Thrakerfürst Kotys stellte ihn ein und hatte gegen seine Nebentätigkeit als Seeräuber keine Einwände. So lauerte er den Schiffen auf dem Weg ins Schwarze Meer auf und machte sich als skrupelloser Seeräuber und Söldnerführer einen Namen. Nach Kotys' Tod, musste sich Charidemos einen neuen Dienstherren suchen. Zufällig wurde gerade in Athen ein fähiger Mann gesucht. Charidemos bewarb sich und bekam den Job. Nachtragend waren die Athener also nicht. Charidemos machte seine Sache gut und erhielt sogar das Bürgerrecht. Doch er hatte mächtige Feinde: Alexander der Große! Vorsichtshalber ergriff Charidemos die Flucht. Beim Perserkönig Dareios III. fand er eine offene Tür, aber kein offenes Ohr. Widerworte war Dareios nicht gewohnt. Als Charidemos Vorschläge zu dessen Kriegsstrategie äußerte, ließ ihn dieser 333 v. Chr. kurzerhand erdrosseln.

Demetrios Poliorketes – with a little help from my friends

Ab 305 v. Chr. belagerte Demetrios die Insel Rhodos. Eigentlich sollte der Inselstaat ihn in seinem Krieg gegen Ptolemaios unterstützen. Doch Rhodos hatte sich geweigert, schließlich war Ptolemaios sein Handelspartner. Daraufhin mobilisierte Demetrios eigene Truppen, vor allem Söldner, darunter angeblich viele Seeräuber. Mit 200 Kriegs- und 170 weiteren Schiffen, 40 000 Soldaten und verbündeten Seeräubern sowie weiteren 1000 Schiffen im Privateigentum von Händlern und Unternehmern belagerte er die Insel: »...weil nämlich Rhodos seit vielen Jahren ungeplündert geblieben war, war aus allen Richtungen eine Menge von Menschen zusammengekommen, die ihren eigenen Vorteil aus dem kriegsbedingten Unglück anderer zu ziehen pflegen« (Diodorus, Griechische Weltgeschichte 20,82,5). Doch es gelang ihm nicht, den Inselstaat in die Knie zu zwingen. Zwei Jahre später heuerte er für einen anderen Kampf abermals Seeräuber zur Unterstützung an. Zwar hatte Demetrios sich im wiederbelebten Hellenenbund zur »Reinhaltung des Meeres« verpflichtet, aber das galt eben nur für die Seeräuber der anderen.

Aus griechischer Perspektive handelte es sich bei den Aktivitäten ihrer marinen Kräfte, ganz gleich, ob Entführung oder Raub, um legitime Kriegshandlungen. Wenn ihre Gegner mit gleichen Waffen zurückschlugen, trugen sich diese indes den Vorwurf der Piraterie ein. Diese Ambivalenz spiegelt sich auch in der anekdotischen Schilderung einer Begegnung von Alexander dem Großen und seinem Gefangenen Demetrios wider. Auf die Frage Alexanders, warum dieser das Meer unsicher mache, antwortete dieser: *»Warum werde ich, weil ich es mit kleinen Schiffen tue, Seeräuber genannt, und Du, weil du die Erde mit Heerscharen unsicher machst, König?«* (Augustin, De Civitate Dei IV,4).

Seekrieg oder Seeraub?

Zwischen »Seekrieg« und »Seeraub« bestanden gleichwohl Unterschiede. Im Krieg galt das vorrangige Interesse dem Sieg und der Unterwerfung des Gegners. Dafür wurde, wenn es sein musste, bis zum bitteren Ende gekämpft – Rauben und Plündern kam erst danach.

Beim Beutekrieg oder Raubzug ging es dagegen um Beute. Dem Gegner wurde aufgelauert, es wurden Fallen gestellt, Städte bei Nacht und Nebel angegriffen und bei einem sich abzeichnenden Misserfolg machte man sich kurzerhand aus dem Staub. Das galt nicht als unehrenhaft oder wie Thukydides es für die »alten Griechen und Nicht-Griechen« formulierte: *»Schande brachte dieses Handwerk nicht, vielmehr Ruhm«* (Thukydides, Geschichte des Peloponnesischen Krieges 1,5,1).

Überdies gab es außerhalb von Kriegskontexten »legitime« Formen des Seeraubs. Sie beruhten auf dem Recht zur gewaltsamen Beschlagnahmung. Dieses galt, wenn der Angegriffene Schulden hatte, oder bei erlittenem Unrecht. Was allerdings war ein erlittenes Unrecht, wer bestätigte, dass es sich überhaupt ereignet hatte, und wer bestimmte, ob ein Gewaltakt Recht oder Unrecht war und eine Vergeltung rechtfertigte? Die Beantwortung all dieser Fragen lag im Ermessen der Betroffenen und es bedarf nur wenig Fantasie, um sich vorzustellen, welche Boomerang-Effekte eine derart schwammige Rechtslage, wenn man diese Verhältnisse überhaupt so bezeichnen möchte, auszulösen vermochten. Selbst Homer war diese Gefahr gegenwärtig: Auf die Frage, von woher er komme, ließ er seinen Helden Odysseus nach dessen ausgedehnten Raubzügen in Ägypten mit Kreta und eben nicht mit Ithaka antworten (Homer, Odyssee 14,222).

Seekrieg und Seeraub, in der Theorie durchaus definiert, waren in der Praxis kaum voneinander zu unterscheiden. Was der eine als gerechtfertigten Vergeltungsschlag ansah, war für den anderen ein verbrecherischer Fall von Piraterie.

Rollenwechsel – mal Söldner, mal Seeräuber?

Für die Durchführung von Seekriegen brauchte man nicht nur Schiffe, man benötigte vor allem seetaugliche und kampferfahrene Männer. Allein der Einsatz von 200 Trieren, für die damalige Zeit ja offenbar keine abwegige Flottengröße, erforderte 34 000 Ruderer. So viele Männer standen selbst in einer Weltstadt wie Athen nicht einfach so zur Verfügung. Die Folge? Söldner wurden gebraucht – und zwar Zigtausende. Gerade die zahllosen internen Machtkonflikte hatten dazu beigetragen, dass hierfür tatsächlich immer mehr Männer zur Verfügung standen. Bürgerkriege und Enteignungen hatten ein Heer von Vertriebenen hervorgebracht, die nach »verdienstvollen« Betätigungsfeldern suchten – schließlich bot Krieg Aussicht auf Ruhm und das Plündern im Siegesfalle versprach Reichtum. Eine Söldnertruppe konnte rund 100 Männer umfassen. Für ihre Dienste erhielten die Männer einen Sold oder wurden an der Beute beteiligt.

Viele der späteren Tyrannen, also jene Nichtadligen, denen es gelungen war, in einem Stadtstaat die Macht an sich zu reißen, verdankten ihren Wohlstand dem Handel oder hatten ihn als Söldnerführer »verdient«.

Der Krieg selbst trug zum Anstieg der Piraterie bei, denn nach jeder militärischen Auseinandersetzung gab es nicht nur Sieger und Verlierer, sondern jede Menge beschäftigungsloser Marinesoldaten und Söldner. Was lag für diese näher, als die Zeit bis zum nächsten Einsatz mit Seeraub zu überbrücken. Selbst Kommandeure, Generäle und andere Befehlshaber machten diesen Schritt, wie zum Beispiel Histiaios von Milet (6. Jh. v. Chr.) oder Dionysos der Phokaier (5. Jh. v. Chr.). Nach der Zerstörung der athenischen Flotte im 4. Jh. v. Chr. wechselten noch mehr Armeeangehörige die Seiten, zumindest so lange, bis der nächste Einsatz winkte. So entstanden mobile Einsatztruppen, die nicht nach dem Kriegsziel, sondern nach dem besten Angebot fragten und deshalb auch ohne Skrupel die

Alkibiades – ein Sohn aus gutem Hause

Als Kind aus vermögendem Haus war Alkibiades (450–404 v. Chr.) während des Peloponnesischen Krieges General in der athenischen Flotte. Nach einer Anklage wechselte er 415 v. Chr. die Fronten und floh nach Sparta. Dort gewann er rasch großen politischen Einfluss auf den Kriegsverlauf. Als sich abermals Probleme abzeichneten – angeblich hatte er eine Affäre mit der Frau des Königs –, begab er sich zu dem persischen Statthalter Tissaphernes nach Kleinasien. Von dort aus suchte er wieder Kontakt mit Athen. Man wies ihn nicht ab. Von 411 v. Chr. bis 408 v. Chr. errang Alkibiades wichtige Siege für Athen: Er plünderte Chalcedon und den Norden Kleinasiens, er zwang den Bithynern erst sehr viel Beute ab, dann einen Friedensvertrag mit Athen auf und trieb Außenstände ein. Ab 407 v. Chr. brachten ihn innenpolitische Gegner in Verruf. Alkibiades flüchtete nach Thrakien und von dort zum persischen Statthalter Pharnabazos II. Dort wurde er ermordet. So endete die Geschichte vom Sohn aus gutem Hause nach viel Raub und Totschlag in der Fremde.

Hegesippos und Antipappos – zwei mutige Helden

Nachts hatten Seeräuber das Dorf an der Nordküste von Amorgos überfallen und 30 Menschen, darunter Freie und Sklaven, aber auch Mädchen und Frauen geraubt. Hegesippos und Antipappos nahmen all ihren Mut zusammen und sprachen den Anführer der Seeräuber, einen gewissen Sokleidas, einfach an. Sie baten ihn, die Gefangenen freizulassen und nur sie beide als Geiseln zu behalten, bis das Lösegeld einträfe. Sokleidas hatte ein Einsehen und ließ bis auf die beiden Männer alle ziehen. Als das Lösegeld eintraf, wurden auch sie freigelassen.

Fronten wechselten, wenn sich dies entsprechend lohnte. Dieses Risiko nahmen die kriegführenden Mächte in Kauf, denn die Söldner boten Vorteile. Nach Kriegsende konnte man sie einfach entlassen und während des Krieges bürdete man gerade ihnen die echte »Schmutzarbeit« auf. Im Auftrag ihrer Dienstherren missachteten sie vertragliche Vereinbarungen, arbeiteten mit unlauteren Kampfmethoden und überfielen sogar sakrale Bezirke. Der Auftraggeber wusch seine Hände anschließend in Unschuld und schob die Untaten auf die Seeräuber.

Wenn zwei sich streiten …

Gerade die großen militärischen Auseinandersetzungen, wie der Peloponnesische Krieg (431 – 404 v. Chr.), förderten allerdings nicht nur das Söldnerwesen. Sie hatten auch noch einen gegenteiligen Effekt. Angesichts des zuweilen permanenten Kriegszustands waren die Stadtstaaten, die zuvor durchaus marine Kontrollfunktionen ausgeübt hatten, kaum mehr in der Lage, für die Sicherheit auf dem Seeweg zu sorgen oder gar etwaige Übergriffe zu ahnden. So fanden sich als Folge des Machtvakuums und außerhalb der direkten Einflusssphäre der Städte und Seemächte in den schwer kontrollierbaren Randbereichen der griechischen Welt risikofreudige Einsatzkräfte, die die Konkurrenz zwischen den Großmächten geschickt für ihre Interessen ausnutzten. Im Bedarfsfall ließen sie sich von diesen rekrutieren, ansonsten nutzten sie die Schwäche und den kriegsbedingten Kontrollverlust Athens, Spartas oder Korinths für eigene Beutezüge. »Newcomern« eröffnete sich die Gelegenheit zum Einstieg in das Gewerbe.

Den antiken Autoren zufolge entstanden gerade in den schwer zugänglichen Regionen der ägäischen Inselwelt sowie entlang der illyrischen und kilikischen Küsten neue Zentren, die sich im Laufe der Jahre zu veritablen Piratenhochburgen entwickeln sollten. Ganze Völkerschaften gerieten in Verdacht und wurden wie die Bewohner Carias (Südanatolien) oder die Ozoler, Lokrer, Acharner, Tyrrhener, Illyrer, Aitolier, Kreter, Pamphyler und Kilikier als Seeräuber abgestempelt, ihre Ge-

Dikaiarchos – ein »Pirat« im Dienst des Königs

Dikaiarchos stammte aus Aitolien. Nach seinen Erfahrungen in griechischen Gewässern hatte Philipp V. (238–179 v. Chr.) die Seefahrer aus Aitolien schätzen gelernt. Er übergab Dikaiarchos 20 Schiffe und den Auftrag, Handelsschiffe zu kapern sowie all jene Inseln und Städte zu überfallen, die mit Rhodos verbündet waren. Gesagt, getan. Fortan füllte Dikaiarchos' Beute Philipps Kriegskasse.

meinwesen als »Schurkenstaaten« diffamiert. Man hielt sie für kulturell unterentwickelt, unzivilisiert und charakterlos und sah hierin die Ursache für ihren Hang zur Piraterie, wie es Polybios am Beispiel der Aitolier schildert. *»Die Aitolier waren schon seit Langem unzufrieden mit dem Frieden und mit einem Leben im Rahmen ihrer eigenen Ressourcen. Sie waren es deshalb gewohnt, auf Kosten ihrer Nachbarn zu leben … Aufgrund ihres natürlichen Hangs zur Habgier lebten sie stets ein Leben in Gier und Gewalt, wie Raubtiere, ohne Freundschaften und jeden als Feind betrachtend«* (Polybios, Geschichte 4,3,1).

Was konnte man von einem so portraitierten Volk erwarten? Doch nur das Schlimmste! Sobald man allerdings für einen Kriegszug Verstärkung brauchte, griff man ohne Bedenken auf gerade solche mobilen und hochkompetenten marinen Einsatzkräfte zurück. Denn dass die Lebensweise im direkten Kontakt zum Meer hervorragende Seefahrer hervorbrachte, stand außer Zweifel. Doch die Söldner des einen, waren aus der Perspektive des anderen nicht viel mehr als ruchlose Seeräuber.

Unwesen als Tugend

Die Athener besaßen um 478/477 v. Chr. immerhin 200 Trieren. Stehende Flotten und Rudermannschaften kosteten auch in Friedenszeiten Geld, und wer seine Männer nicht bezahlen konnte, stand alsbald ohne da, wie ein Eigner berichtet. *»Viele meiner Mannschaft sind vom Schiff gesprungen, einige haben auf dem Festland als Söldner angeheuert, andere sind in den Flotten von Thasos und Maroneia untergekommen, die ihnen nicht nur ein besseres Gehalt versprachen, sondern ihnen sogar einen Vorschuss zahlten«* (Demosthenes, Gegen Polykles, 50,14–16). Woher das Geld aber nehmen? Die Lösung lag auf der Hand: Die Flotte ging auf »Expedition«, um die Mittel für ihren Unterhalt selbst einzutreiben, also auf Beutefahrt. Bei großen Unternehmungen heuerte die Athener Flotte hierfür sogar zusätzliche Söldner an. Allerdings zog man nicht nur zwischen Kriegen auf Raubzug, sondern nutzte hierzu angesichts der Dauer mancher Auseinan-

Über der lykischen Küste braut sich ein Unwetter zusammen.

dersetzungen zuweilen auch die Kampfpausen. Solche Raubzüge unterschieden sich in nichts von den zumindest rein theoretisch als illegitim eingestuften Überfällen, wie sie angeblich nur Seeräuber verübten.

Diese Praktiken riefen zuweilen auch in den eigenen Reihen Kritik hervor. So musste der Athener Politiker Demosthenes das als seeräuberisch angeklagte Vorgehen von General Diopeithes in einer öffentlichen Anhörung 340 v. Chr. vor einer Bürgerversammlung verteidigen.

»Alle Eure Generäle, die je von hier aus losgesegelt sind, nehmen Geld von den Chianern und Erythraianern oder anderen Völkern, denen sie habhaft werden können, ich meine Griechen in Kleinasien. Generäle mit nur zwei Schiffen erheben weniger, diejenigen mit größerer Flotte mehr Geld. Alle, die bezahlen, geben ihr Geld, ob wenig oder viel, nicht für nichts. Sie kaufen für die Händler, die ihren Hafen anlaufen, die Gewissheit, dass diese weder überfallen noch ausgeraubt werden, und ebenso sichere Fahrt für ihre eigenen Schiffe. Sie erhalten Wohlwollen. Das ist der Name für diese Erpressungen. Und so ist es auch in diesem Fall. Diopeithes hat die Truppe bei sich und es ist nur natürlich, dass all diese Leute diese bezahlen. Woher sonst sollte er den Unterhalt für sie nehmen, wenn ihr ihn nicht bezahlt und ihm kein privates Glück erlaubt, seine Männer zu bezahlen? Vom Himmel? Nein in der Tat, er hält die Dinge am Laufen mit dem, was er einsammeln, erbetteln und borgen kann« (Demosthenes, Reden 8,24–6). Demnach erhoben General Diopeithes und all die anderen Flottenkommandeure, angesichts chronisch unterfinanzierter Militärexpeditionen, lediglich eine Art Schutzgeld, schließlich wurde nicht »für nichts« bezahlt. Die Betroffenen hatten die Aktion indes als gewalttätigen Überfall empfunden und nicht als Beitrag zur allgemeinen Sicherheit aufgefasst.

Ab dem 5. Jh. v. Chr. durfte in Athen kein Privatmann mehr ein Kriegsschiff besitzen. Überdies war jede Seeoperation zu genehmigen. Doch es boten sich Auswege. Man konnte sich in den Dienst der staatlichen Flotte stellen und fortan in deren Auftrag aktiv werden. Dann durfte man mit dem Argument, die kriegsgeschüttelte Staatskasse zu entlasten, Küstensiedlungen überfallen, plündern und Menschen rauben. Die Beute bzw. der hierfür erzielte Preis war, wie im Fall des Überfalls auf Sizilien 415 v. Chr. durch Nikias, in Athen abzuliefern – dieser hatte die Bevölkerung Hykkaras, angeblich über 7500 Menschen, als Sklaven verkauft. Damit diente diese Gräueltat dem Gemeinwesen und galt selbstverständlich weder als Unrecht noch als Verbrechen.

Gegner oder Seeräuber?

Seeraub war also nicht gleich Seeraub. Seeräuber, die auf eigenes Risiko Schiffe aufbrachten und Küstenorte überfielen, galten als Verbrecher und ihr Tun als verwerflich. Standen politische Gemeinwesen dahinter, also Städte, Stadtstaaten, Städtebünde oder Königreiche, dann war dieses Vorgehen, zumindest aus deren Sicht, gerechtfertigt. Seeräuber waren immer die anderen! Und Seeräuber waren Feinde. Fortan galt der politische Gegner als ausgemachter Erzpirat, seine Söldner und Verbündeten als skrupellose Seeräuber, die unbeugsame Stadt als Piratennest, die widerständische Bevölkerung eines Landstrichs, die sich der Eroberung oder anderen Maßnahmen widersetzte, als Schurkenstaat oder Piratenhochburg, und wer den Machtambitionen der Stadtstaaten dauerhaft die Stirn bot, war sozusagen der Schlimmste von allen. Wie zum Beispiel Alexander, 358 v. Chr. gestorben, Tyrann der thessalischen Stadt Pherai. Dieser widersetzte sich dem Übergriff der Stadtstaaten und wollte in der komplexen Gemengelage zwischen Athen und Theben offenbar seine Unabhängigkeit bewahren. Mit seinem Widerstand erzielte er bemerkenswerte Erfolge und brachte in einer Seeschlacht drei Trieren und 600 Gefangene in seine Gewalt. Ein Unschuldslamm war er nicht. Doch der Athener Historiker Xenophon schilderte ihn nicht als ebenbürtigen Gegner, sondern diskreditierte ihn als Seeräuber: *»Sobald er an die Macht gelangte, quälte sein schlechter Charakter die Thessalier … die Thebaner und die Athener … zur See und auf Land benahm er sich wie ein gesetzloser Seeräuber«* (Xenophon, Hellenika 6,4,35).

Retter der Meere?

Wiederholt traten Akteure mit der Ankündigung auf den Plan, das Meer von Seeräubern zu säubern – die Stadtsstaaten Korinth oder Athen, aber auch Personen wie Alexander der Große, Antigonos I, Demetrios, oder Philipp V. fühlten sich hierzu berufen. Doch die selbst ernannten »Retter der Meere« nutzten dieses Anliegen auch und vor allem, um ihr Aktionsgebiet zu vergrößern. Ihre eigentlichen Motive waren Eroberung, Expansion und natürlich Beute. Unterstützt wurden sie hierbei nicht selten von Söldnern. Oder waren es doch eher Seeräuber? Piraterie wurde somit scheinbar bekämpft, doch das Milieu, in dem dieses Verbrechen tatsächlich praktiziert wurde, gleichzeitig genährt. Denn kaum war der Krieg vorbei, entließ man die angeheuerten Männer und sah billigend zu, wie diese auf eigene Rechnung ihr Auskommen sicherten. Gegen Seeräuber, die außerhalb der eigenen Interessenssphäre plünderten, aber zur Stelle waren, wenn Not am Mann war, hatte man nichts einzuwenden.

Sicherheit durch Verträge

Wie schlimm es um die Sicherheit auf dem Mittelmeer ab 500 v. Chr. wirklich bestellt war, lässt sich angesichts dieser komplexen und verwirrenden Gemengelage kaum verlässlich sagen. Allzu oft diente der Vorwurf der Piraterie dazu, den Gegner zu diskreditieren oder eigene militärische Vorstöße zu rechtfertigen. Die Schlussfolgerung, es habe Piraterie vielleicht gar nicht gegeben, führt jedoch in die Irre. Denn dass Seeräuber ein Problem waren, zeigen nicht zuletzt die zahllosen überlieferten Vereinbarungen, Verträge und Gesetze zwischen benachbarten Städten oder den zu Seemächten avancierten Stadtstaaten und ihren Verbündeten.

So verzeichnet eine Inschrift des 5. Jhs. v. Chr. aus der ionischen Stadt Teos in Kleinasien alle Vergehen, gegen die in einem vorbeugenden Fluch der Tod ausgesprochen werden sollte. Raub und selbst das Beherbergen von Seeräubern gehörten dazu. Um 450 v. Chr. schlossen Chaleion und Oiantheia, beides Städte im Golf von Korinth, einen Vertrag, der ihnen Sicherheit im Vertragsgebiet zusicherte und festlegte, dass Überfälle und Plünderungen nur außerhalb der Hafenbereiche der beiden Städte zulässig seien: *»Man soll den fremden Oiantheier nicht aus dem*

Euagoras I. von Zypern – Wagemut und Größenwahn

Als Lokalfürst von Zypern konnte man durchaus Ambitionen haben, schließlich wurde die Insel von allen Großmächten wegen ihres Reichtums an Metallen beneidet. So dehnte Euagoras I. (435–374/373 v. Chr.) im Verlauf des Korinthischen Krieges seine Herrschaft auf ganz Zypern aus. In seiner Residenz fehlte es an nichts und in seinem Kriegshafen lagen rund 90 Trieren. Aber Nichtstun war teuer. So bedrohte er mit seiner Flotte phönizische Handelsschiffe, eroberte mehrere Städte und überfiel die kilikische Küste. Die Perser beobachteten das Treiben mit Argusaugen – ein kleiner Provinzfürst stahl ihnen die Show. Man drohte mit Strafe. Einige wollten gleich kurzen Prozess machen, doch man wurde sich nicht einig. Euagoras kam mit einem blauen Auge davon. Aber er hatte allen gezeigt, dass man es zu was bringen konnte, wenn man beherzt auf Söldner und Seeräuber setzte.

Gebiet von Chaleion fortschleppen, noch den fremden Chaleier aus dem Gebiet von Oianthea, noch (deren) Güter, wenn jemand zur Selbsthilfe schreitet. Wer (dennoch) Selbsthilfe übt, gegen den darf man ungestraft Selbsthilfe üben. Fremdes Gut kann man vom Meer fortschleppen, ohne der Selbsthilfe ausgesetzt zu sein, außer aus den Häfen. Wenn jemand zu Unrecht Selbsthilfe übt, soll er vier Drachmen, wenn er das geraubte Gut länger als zehn Tage behält, das Eineinhalbfache dessen schuldig sein, was er genommen hat« (Inscriptiones Graecae 9/1[2,717]).

Athen schloss 427 v. Chr. mit Mytilene (Lesbos) eine Vereinbarung, in der sich die Bewohner verpflichteten, Athen im Kampf gegen dessen Feinde zu unterstützen, Seeräubern kein Obdach zu gewähren und selbst keine Seeräuberei zu betreiben. Drei Jahre später folgte eine ähnliche Absprache mit der peloponnesischen Hafenstadt Halies. Kreta schloss Verträge mit Athen und Teos und sicherte all jenen, die von Athen aus einen kretischen Hafen ansteuerten, Sicherheit zu. Andernorts wurden entsprechende Beschlüsse vereinbart. So forderte Delos all jene, die Seeräuberei praktizierten, auf, den Hafen von Delos zu meiden, und die Aitolier garantierten allen Pilgern auf dem Weg nach Delphi Sicherheit und bestätigten dies ebenso den Athenern und den Mytilenen.

Auch größere Abkommen kamen zustande. So sicherte die Bundesakte des Korinthischen Bundes, die Philipp II. nach der Schlacht von Chaironeia 338 v. Chr. mit den Griechen verabschiedete, allen Unterzeichnern freie Fahrt auf dem ägäischen Meer zu. Der Vertrag versprach allen Mitgliedern Schutz vor Seeraub, forderte eine allgemeine Friedenspflicht und den Verzicht auf eigene Raubzüge. Bei Verstoß drohte Krieg. Nach Philipps Tod, zwei Jahre später, war der Frieden auf See vorerst vorbei. Allerdings hatte er ein Instrument eingeführt, das Schule machen sollte: Mitglieder einer Gruppe verständigen sich auf gemeinsame Rechtsnormen und sichern sich gegenseitig zum gemeinsamen Nutzen deren Einhaltung zu. Absprachen dieser Art richteten sich jedoch nicht gegen Seeraub im Allgemeinen, sondern dienten in den hierfür definierten Räumen in erster Linie der Sicherung eigener Interessen. Außerhalb der festgelegten Sicherheitszonen war Seeraub weiterhin erlaubt.

Nikostratos aus Athen – ein Unglück kommt selten allein

Da waren ihm doch tatsächlich drei seiner Haussklaven entlaufen. Nikostratos überlegte nicht lange und machte sich auf die Suche, offenbar per Schiff. Unglücklicherweise kreuzte ein Kriegsschiff seinen Weg und nahm ihn und alle übrigen Mitreisenden gefangen. Auf dem nächsten Sklavenmarkt wurden sie verkauft. Der neue Besitzer sandte herzzerreißende Briefe an Nikostratos' Familie mit der Bitte, Geld zu schicken, damit dieser sich loskaufen und zurückreisen könne. Die Familie selbst reagierte nicht, doch ein guter Freund sandte ihm das Geld und lieh ihm überdies die Summe für das Lösegeld.

Das Geschäft mit der Angst

Neben vertraglichen Vereinbarungen wurden zudem offensive Schutzmaßnahmen getroffen. Rhodos schrieb sich die Sicherung der Seewege geradezu auf die Fahne. Mit seiner kleinen, aber schlagkräftigen Flotte von rund 40 Schiffen sorgte der Inselstaat zwischen Rhodos und Alexandria für einen sicheren Seekorridor für die Getreidetransporte und offerierte Begleitschutz. Auch militärische Mittel wurden zur Verfolgung der Seeräuber eingesetzt. Überdies entwickelten sie offenbar ein für die Piratenverfolgung schnelles Verfolgungsschiff, die *Trihemiola.*

Schwarzfigurige Schale mit der Darstellung des Angriffs eines Kriegsschiffes mit Rammsporn auf einen Frachtsegler, 2. Hälfte 6. Jh. v. Chr., British Museum, London.

Ab etwa Mitte des 3. Jhs. v. Chr. erhoben die Rhodier den Anspruch, im gemeingriechischen Interesse gegen Seeräuber vorzugehen, wie es Diodorus Siculus, ein Historiker des 1. Jhs. v. Chr. rückblickend skizziert: *»In der Tat erreichte Rhodos eine solche Macht, dass es auch im Interesse der Griechen den Krieg gegen die Piraten aufnehmen und die See von diesem bösen Befall reinigen konnte«* (Diodorus, Griechische Weltgeschichte 20,81,3). In diesem Anspruch steckte jedoch mehr Propaganda als wirkliche Tat. So richtete sich der von Rhodos geführte Kretische Krieg (206–201 v. Chr.) wohl weniger gegen Seeräuber, sondern diente vielmehr dazu, sich den Einfluss auf Kreta und die Ägäis zu sichern. Die Besiegten mussten Rhodos als Obermacht anerkennen, sich zu jeglicher Unterstützung verpflichten und Seeräuber, die bei ihnen Unterschlupf suchten, ausliefern. Wer dem nicht zustimmte, lief Gefahr, selbst ins Fadenkreuz zu geraten.

Obschon die Rhodier sich gerne als selbstlose Bekämpfer der Piraterie stilisierten, hatten sie als See- und Handelsmacht an der vielbefahrenen Route von Ägypten in die Ägäis ihre politischen und wirtschaftlichen Vorteile im Blick und als Hauptumschlagplatz für den Warenverkehr von und nach Ägypten durchaus ein Eigeninteresse an einem ungestörten Frachtverkehr.

Seepolizeiliche Maßnahmen kosteten Geld. So kam alsbald auch die Erhebung, vielfach eher die Erpressung von Schutzgeldern in Mode. Die Athener Flotte bot ab dem 5. Jh. v. Chr. Händlern und Städten Schutz gegen Überfälle, natürlich gegen Gebühr. Rhodos kassierte von Delos 298 v. Chr. eine Gebühr für den Schutz vor Seeräubern. Der thrakische König Zelos bat in der gleichen Angelegenheit die Istrier zur Kasse, und wo offizielle Stellen versagten, sprangen die Seeräuber selbst in die Lücke und forderten Geld für die Unterlassung von Überfällen. So zahlten die Bewohner der Liparischen Inseln bis weit in das 1. Jh. v. Chr. ein jährliches Schutzgeld an Seeräuber.

340 v. Chr. verabschiedeten die Athener ein Gesetz, das all ihren Verbündeten eine Geldstrafe androhte, wenn sie Seeräubern Zugang zu ihren Häfen gestatteten. Auch dies war eine lukrative Einnahmequelle. Denn die Athener beurteilten, ob die Verbündeten gegen diese Anordnung verstoßen hatten oder nicht.

Aus der Sicht der Opfer

Für Politiker, Herrscher und Könige war Piraterie kein Verbrechen, solange es ihren Interessen nutzte. Sie war ein Instrument, um politische Ziele zu erreichen, und ging es ausnahmsweise nicht um Politik, so war sie zumindest ein lukratives Geschäft. Das sahen nur die Überfallenen, Ausgeraubten, Entführten und Versklavten anders. Für sie war es unbedeutend, ob sie Opfer eines vermeintlich legitimen Krieges, eines Vergeltungsangriffs oder eines Piratenüberfalls geworden waren. Sie wurden gefangen genommen und entweder gegen Lösegeld freigelassen oder auf den Sklavenmärkten zum Verkauf angeboten. Menschen waren eine lukrative Beute – ein guter Fang –, und das längst nicht nur für Seeräuber. Auch die Oberen der Städte, Stadtstaaten oder Königreiche machten Kriegsgefangene, sofern sie diese nicht selbst brauchten, zu Geld. Besonders begehrt waren Mädchen, Jungen, junge Frauen und junge Männer, für sie gab es als Diener oder Sklaven die meisten Einsatzbereiche. Sie waren die eigentlichen Opfer der Beutezüge und Überfälle, doch diese Ware fand man weder auf Kriegs- noch auf Handelsschiffen. So ereigneten sich die meisten seeräuberischen Übergriffe nicht auf hoher See, sondern trafen Küstenorte und -städte.

Die Ware Mensch

Nahezu jeder Hafen hatte einen Sklavenmarkt – zu den größten gehörten Side, Phaselis, Alexandria, Rhodos und Delos und die steigende Nachfrage forderte ständig neuen Nachschub. In der Zeit der großen Kriege waren es vor allem Kriegsgefangene, die auf den Märkten angeboten wurden. Nach den Perserkriegen stieg die Zahl der Sklaven enorm an und in Athen lebten zeitweise mehr Sklaven als männliche Bürger.

Ab dem 3. Jh. v. Chr. versorgten Seeräuber die aufstrebenden Wachstumsmärkte mit der immer dringender benötigten Ware Mensch. Wer auf dem Sklavenmarkt als Anbieter in Erscheinung trat, war kein Seeräuber mehr. Er war Mittelsmann oder Händler, der eine heiß begehrte Ware feilbot. Den Käufer interessierte nicht deren Biografie, sondern ihre Qualität. Zwar waren Seeraub und Seehandel unterschiedliche Tätigkeiten, sie konnten allerdings von ein und derselben Person ausgeübt werden. Spätestens wenn es ans Verkaufen ging, wurde aus Beute Ware und aus Seeräubern Händler.

Geiselnahme und Lösegelderpressung waren meist lukrativer als der Verkauf. Der Aufwand war geringer und die Angehörigen zahlten bessere Preise. Beliebtes Ziel waren kleine Gemeinwesen, wie die ionische Gemeinde Teos oder die Insel Thera. Inschriften berichten von den skrupellosen Überfällen und dem Raub von Mädchen und Frauen. Teos gelang es, nach Verhandlungen seine Geiseln gegen erhebliche Zahlungen zurückzuerhalten. Binnen 23 Tagen musste jeder Bewohner ein Zehntel seines Vermögens beisteuern.

Eine Inschrift des 3. Jhs. v. Chr. von der Insel Amorgos schildert einen Überfall: *»Vom Rat und den Bürgern beschlossen; Soterides, Sohn des Phidias von Kosyllos war Präsident … als Seeräuber in der Nacht einen Einfall verübten und dabei mehr als 30 Mädchen, Frauen und andere Personen, Freie und Sklaven raubten, die Schiffe im Hafen versenkten und das Schiff von Doreios stahlen, um mit diesem und der gesamten übrigen Beute davonzusegeln«* (Inscriptiones Graecae XII,7,386). Das Leid, das sich hinter derart nüchternen Worten verbirgt, vermag man nur zu ahnen. Gleichwohl waren derartige Überfälle offenbar alltäglich.

Im Gegensatz zu den antiken Komödien, in denen das glückliche Wiedersehen von geraubten Eltern und Kindern, Eheleuten oder Geliebten fast zum Standardrepertoire gehörte, war in der Realität die glückliche Heimkehr eher selten. Stattdessen drohte, wenn die Angehörigen nicht zahlten, der Verkauf auf dem Sklavenmarkt.

In Dankbarkeit

Städte ehrten ihre Gönner und Wohltäter mit Weihinschriften. Gelegentlich finden sich in diesen Inschriften Hinweise auf Piraterie. So dankte Athen Kleomis aus Methymna (Lesbos) dafür, Mitte des 4. Jhs. v. Chr. mehrere Athener Bürger aus den Händen von Piraten freigekauft und diese so vor dem Schicksal der Sklaverei bewahrt zu haben. Eine ähnliche Danksagung erhielt auch Eumarides aus Kydonia. Er hatte 228 v. Chr. geraubte Athener befreit, die in Attika von dem Aitolier Boukris entführt worden waren. Er kaufte diese nicht nur frei, sondern gab ihnen überdies das Geld für die Heimfahrt.

Einem gewissen Semos von Delos gelang es im 2. Jh. v. Chr., einige Frauen und Kinder freizukaufen, was ihm eine öffentliche Ehrung einbrachte, da es sich um Damen aus der Oberschicht gehandelt hatte. Bürger aus Aulon auf Naxos kauften 200 ihrer Bewohner frei, die von aitolischen Seeräubern entführt worden waren. Die Bürger von Chersonesus lösten eine Pilgerschar aus, die 194 v. Chr. auf ihrem Weg nach Delphi gleichfalls in die Hände von Seeräubern gefallen war.

Dass man mit den Seeräubern zuweilen sogar verhandeln konnte, zeigt der Fall der Stadt Aigale auf der Insel Amorgos. Zwei der Geiseln überredeten den Anführer der Seeräuber Sokleidas, alle übrigen Entführten freizulassen und nur sie bis zum Eintreffen des Lösegeldes zu behalten. Die Seeräuber hielten Wort. Für die selbstlose und mutige Tat wurden beide von den Bürgern der Stadt gleichfalls mit einer dankbaren Inschrift bedacht.

In Thera ehrt eine Inschrift des 3. Jhs. v. Chr. Hermaphilos, einen Gesandten des ptolemäischen Königs, der einen Seeräuberangriff abwehren und so 400 Menschen, darunter Frauen und Kinder, retten konnte.

Ramnis lobte im gleichen Zeitraum mit einer Inschrift den Epichares für seine Verdienste gegen die Piraterie – er hatte offenbar einen Gefangenenaustausch bewirken können. Auf Athmonon erhielt Herakleitos gleichfalls für seinen Einsatz ein inschriftliches Lob und 166 v. Chr. widmete die Bevölkerung von Imbros Teleas, dem Sohn des Aristokrates, eine Ehrung. Auch er hatte sich im Kampf gegen Seeräuber erfolgreich hervorgetan.

Die Beispiele sind nur die Spitze des Eisberges. Längst nicht jede Befreiung wurde öffentlich gewürdigt, vor allem dann nicht, wenn Lösegeld geflossen war, schließlich sollten keine Nachahmer ermuntert werden.

Unverzichtbar

Man mag den antiken Überlieferungen zur Piraterie in der griechischen Welt mit einiger Berechtigung kritisch gegenüberstehen. Zu ambivalent ist ihre Beurteilung von Seeraub, zu willkürlich der Vorwurf der Piraterie, zu schwammig die Unterscheidung von vermeintlich legitimem und illegitimem Seeraub und zu unklar, welche Interessenlage die jeweilige Schilderung prägte oder zumindest beeinflusste.

Doch ungeachtet quellenkritischer Erwägungen scheint vieles dafür zu sprechen, dass es Seeraub in erheblichem Maße gab und dass Seeräuber, ob im Auftrag politischer Interessengruppen oder auf eigenes Risiko, zur griechischen Welt dazugehörten – als Teil ihrer Politik, ihrer Wirtschaft und ihrer Gesellschaft.

»In alten Zeiten, als Griechen und Nicht-Griechen entlang den Küsten lebten und begannen, das Meer zu anderen Küsten zu queren, wendeten sie sich der Piraterie zu … Sie überfielen und

plünderten die Städte, die befestigt waren oder aus mehreren kleinen Dörfern bestanden« (Thukydides, Geschichte des Peloponnesischen Krieges 1,5,1). Wo immer Griechen im Mittelmeerraum lebten, traten früher oder später auch Seeräuber in Erscheinung, die die Küstenorte überfielen und ausplünderten, Menschen entführten und Lösegelder erpressten – nicht selten im Auftrag höherer Kreise, so Thukydides weiter: »*... sie wurden von ihren Eliten angeführt, die die Sache betrieben, um sich zu selbst zu bereichern und für die Armen, und daraus, dass sie unbefestigte Städte und Siedlungen überfielen und ausplünderten, zogen sie den größten Teil ihres Lebensunterhaltes«*. Ob die Beute wirklich den Armen zugutekam, darf getrost bezweifelt werden, doch Thukydides betrachtete Seeraub als eine notwendige Stufe auf dem Weg der kulturellen Entwicklung hin zur Zivilisation. Hierin steckte zugleich die Hoffnung, dass Piraterie im Zuge zivilisatorischen Fortschritts irgendwann schlicht überwunden sei.

Völlig falsch sollte Thukydides mit dieser Auffassung nicht liegen. Die Seeräuber seiner und früherer Zeiten waren Folge und Begleiterscheinung einer durch zahllose Konflikte und militärische Auseinandersetzungen geprägten Welt. Die instabilen politischen Verhältnisse ermöglichten und förderten die Entstehung krimineller und auf See agierender Banden und duldete diese, wenn sie den eigenen Interessen nicht in die Quere kamen. Solange es keiner politischen Kraft gelang, eine stabile Macht aufzubauen und ein dauerhaftes Gewaltmonopol wahrzunehmen, blieb Piraterie ein vielseitiges Instrument im Kampf um Vorherrschaft und Einfluss und erfüllten Seeräuber viele Funktionen: Sie waren Vorwand, Propaganda oder Rechtfertigung für den nächsten Vergeltungsschlag oder Angriffs- und Eroberungskrieg.

Mit diesen Gruppen bot sich, ganz gleich, ob es sich um arbeitslose Soldaten, heimatlose Söldner oder professionelle Seeräuber handelte, ein im Laufe der Zeit wachsendes Reservoir trainierter, kampferprobter Männer, also eine allzeit bereite mobile und flexible Einsatztruppe. Hinzu kam die wirtschaftliche Bedeutung. Beutekrieg und Seeraub führten zwar zu Verlusten auf der einen, aber stets auch zu Gewinnen auf der anderen Seite.

Und nicht zu vergessen, die völlig neuen Betätigungsfelder und Einkommensquellen, in Form von Schutzgeld, Sicherheitsleistungen und Versicherungen. Das Geschäft mit der Angst bescherte kalkulierbare und lukrative Gewinne. Man musste nur erst alle an diese neuen Dienstleistungen »gewöhnen«. Doch wie man dies am schnellsten bewerkstelligte, war ja nur allzu gut bekannt.

Fazit: An einer Vernichtung der Piraterie konnte niemand Interesse haben. Zu viele profitierten davon. Seeräuber waren aus dem politischen, militärischen und wirtschaftlichen Gefüge der griechischen Welt kaum wegzudenken. Oder in den Worten von Goethes Mephisto: *»Krieg, Handel, Piraterie – Dreieinig sind sie, nicht zu trennen«* (Johann Wolfgang von Goethe, Faust – der Tragödie zweiter Teil, 5. Akt).

Herakleitos – ein General als Retter

Der Athener hatte als Offizier Karriere gemacht sowie im Dienst von Antigonos Gonatas gestanden und war nach dem Chremonideischen Krieg zum Befehlshaber der makedonischen Besatzung in Piräus berufen worden. Auch mit Seeräubern machte er Bekanntschaft. So bewahrte er Salamis vor deren Angriffen, rettete einen Menschen aus den Händen der Seeräuber und bestrafte die Missetäter.

»... und es faulten die Schiffshölzer und lösten sich die Schnüre«

Mit Beginn des 8. Jhs. v. Chr. ist das »dunkle Zeitalter« vorbei. Von nun an gibt es wieder mehr Schriftquellen und in ihnen spielen Schiffe immer häufiger eine Rolle. Dennoch fehlen weiterhin ausführliche Beschreibungen zu ihrem Aussehen, dafür finden sich mehr Bilder, vor allem auf Vasen und Schalen. Offensichtlich inspirierten Homers Epen und Hymnen ebenso wie die Ereignisse ihrer Tage die zeitgenössischen Vasenmaler. So aufschlussreich deren Darstellungen auch sind, fehlt es ihnen an der erforderlichen Genauigkeit, um Schiffstypen oder gar deren Konstruktion zu erkennen.

Geschnürt, genäht, verzapft?

Die homerischen Worte (Homer, Illias 2,135) zum beklagenswerten Zustand der mykenischen Flotte vor Troja liefern zumindest einen Hinweis zur Konstruktion der Schiffe. Denn was da offenbar allmählich verrottete, waren »genähte« Schiffe. Warum Homer ihren Verfall so nachdrücklich betont, sei dahingestellt. Vielleicht wollte er dem Leser die Dauer der Auseinandersetzung vor Augen führen oder aber den seither eingetretenen technischen Fortschritt. Denn Wrackfunden zufolge wurde ab dem 7. Jh. v. Chr. im Schiffbau wieder vermehrt auf Nut-Feder-Verbindungen gesetzt. Angesichts immer schwererer Frachten bot diese Verbindungstechnik mit ihren durch Dübel in den Nuten fixierten Federn schlicht mehr Stabilität als die geschnürten und genähten Schiffskörper.

Bis die genähten Schiffe völlig aus der Mode kamen, sollte es noch dauern, wie die Wracks von Pabuç Burnu, Bon Porté und Jules Verne 9 zeigen. Zuweilen wurden beide Techniken kombiniert. So waren bei dem Wrack des 5. Jh. v. Chr. von Gela die Planken im oberen Bereich durch Nut und Feder verbunden, im unteren dagegen genäht. Bei einem anderen Frachter hatte man wohl sichergehen wollen: Die Planken waren vernäht und zusätzlich mit Nut-Feder-Verbindungen gesichert. Genutzt hatte es nichts. Das 21 m lange mit Öl und Wein beladene Frachtschiff war im 6. Jh. v. Chr. vor der Nordküste Mallorcas bei Cala Sant Vincenc gesunken.

Immer üblicher wurde es, den Rumpf von Handelsschiffen mit Blei, zuweilen mit Kupfer zu belegen. Das sollte zum einen den Muschelbewuchs verhindern, denn dieser bremste das Tempo. Zum anderen sollten die Platten den Vormarsch des sogenannten Bohrwurms oder Schiffsbohrers verhindern. Dabei handelt es sich nicht, wie der Name vermuten lässt, um einen Wurm, sondern um eine Muschel, die zu den hochgefährlichen Holzschädlingen zählt. Von außen war ein Befall meist nicht zu erkennen, aber der Gefräßigkeit dieses Schädlings fiel so manches Schiff zum Opfer. Angesichts der zunehmenden Größe der Schiffe, der Ladekapazität und damit dem Gesamtgewicht musste auch am Antrieb etwas passieren. Erstmals ist von Dreimastern die Rede, demnach wurde also die Anzahl und Größe der Segelflächen erhöht.

Wertvolle Fracht

Aufgrund der weiträumig verteilten Kolonien spannte sich das Handelsnetz ab dem 6. Jh. v. Chr. vom ostmediterranen Raum bis ins Schwarze Meer im Osten und im Westen über Sizilien und Süditalien bis nach Etrurien und Frankreich. Haupttransportgut war Getreide. Hinzu kamen andere landwirtschaftliche Produkte wie Öl, Oliven und Wein. Einige Inseln der Ägäis und angrenzende Festlandsgebiete produzierten besonders hochwertigen Wein. Insbesondere der Wein aus Chios galt während der ganzen Antike als einer der besten. Das Wrack von Mazotos, eines Schiffes, das im 4. Jh. v. Chr. vor der Südküste Zyperns gesunken war, enthielt noch 800 Amphoren, einst gefüllt mit dem kostbaren Getränk. Für wen die Fracht bestimmt war, lässt sich nicht ermitteln. Zypern war immer ein geeigneter Zwischenstopp, ganz gleich, ob man einen Abnehmer im Westen, vielleicht in Salamis oder Kithion, oder im Süden in Ägypten oder an der Levante anstrebte.

Neben gutem Wein waren auch andere Luxuswaren, insbesondere feine Keramik, Metallarbeiten und Skulpturen oder Delikatessen wie zum Beispiel Schwarzmeerfische durchaus gefragt. So erbrachten die zwischen 1989 und 1992 durchgeführten Untersuchungen an zwei Wracks in Gela Hinweise auf hochqualitative Weine und Oliven, aber auch auf außerordentlich kunstfertige Feinkeramik sowie andere Kunsterzeugnisse aus Athen, Korinth und von der Peloponnes. Kostbar muss auch die Fracht des Wracks von Porticello gewesen. Das im 5. Jh. v. Chr. in der Straße von Messina gesunkene Schiff hatte griechische und punische Amphoren an Bord und transportierte überdies Schreibtinte und Blei. Der bedeutendste Fund war allerdings der bärtige Kopf einer Bronzestatue, heute im Nationalmuseum in Reggio Calabria ausgestellt.

Überfallen von Piraten?

Ein in gänzlich anderer Hinsicht bemerkenswerter Fund ist das zwischen 1968 und 1969 archäologisch untersuchte nur 15 m lange Schiffswrack an der Nordküste Zyperns vor Kyrenia. Es gilt angesichts einer überraschenden Anzahl an Waffenfunden, insbesondere den noch in den Bordwänden steckenden Pfeilspitzen, als mutmaßliches Opfer eines Piratenüberfalls.

Das Schiff – wie alle Frachtschiffe ein Segler – hatte Wein in 380 rhodischen Amphoren, Mandeln aus Samos sowie Eisenbarren an Bord. Hinzu kamen Feigen, Oliven, Rosinen, Nüsse, Linsen und Kräuter – wahrscheinlich Proviant. Die Entdeckung von vier Löffeln, vier Bechern, vier Salzgefäßen und vier Ölkrügen lässt vermuten, dass vier Mann an Bord waren. Die 300 Bleigewichte, wahrscheinlich Netzsenker, zeigen, dass diese auch fischten. Über dem Kiel waren in drei Reihen 29 Mühlsteine gestapelt. Sie waren wohl keine Ware, sondern dienten als Ballast.

Das Schiff selbst war schon ziemlich alt, wurmzerfressen und mehr als einmal ausgebessert worden. Gebaut hatte man es aus Aleppo-Kiefer sowie aus Buche, Eiche und Oleander. Wie die dendrochronologische Untersuchung der Hölzer ergab, war es rund 80 Jahren unterwegs, bevor es zwischen 295 und 285 v. Chr. überfallen wurde und sank.

Keine großen Schiffe

Bei der Mehrzahl der bekannten Wracks handelt es sich eher um Schiffe von 12 bis 15 m Länge. Frachter mit Längen über 20 m oder einer Ladekapazität von mehr als 120 t sind selten und derzeit nur von Giglio (Italien), Cala Sant Vincenc (Mallorca), Grand Ribaud F (Frankreich) und Alonissos (Griechenland)

Im Unterschied zu anderen Fundplätzen konnte das Team um den Ausgräber Michael Katzev tatsächlich große Teile des Schiffs bergen – eine in den 1960er Jahren völlig neue Herausforderung.

bekannt. Letztgenanntes ist mit einer Länge von rund 30 m und einer geschätzten Ladung von rund 3000 Amphoren das derzeit größte bekannte Wrack der griechischen Welt.

Den antiken Überlieferungen zufolge konnten Handelsschiffe angeblich durchaus eine Länge von bis zu 40 m und eine Ladekapazität bis zu 500 t erreichen. Wrackfunde dieser Größenordnung fehlen allerdings und so manches spricht dafür, dass eher kleinere Schiffe den Seehandel bestimmten. So verfügte die antike Stadt Thasos über immerhin zwei Häfen: einen für Frachter mit mehr als 80 t und einen für Schiffe mit mehr als 130 t – zumindest ein Hinweis auf die gängigsten Größen.

Der Supertanker, wie die von Athenaios von Naukratis beschriebene *Syracusia,* war entweder ein Hirngespinst oder eine echte Ausnahme. Angeblich wog das Schiff 4000 t bei einer Frachtkapazität von 2000 t. Der Dreimaster mit offenbar gigantischen Segeln fasste drei Stockwerke. Über dem Frachtraum lagen 40 komfortable Passagierkabinen und eine Luxussuite sowie eine Bibliothek mit Lesezimmer, ein Tempel, Gymnastikraum und ein Garten. Die acht Türme auf dem Oberdeck dienten den Seesoldaten als Unterkunft. Dem Bericht zufolge erlebte das Schiff nur seine Jungfernfahrt nach Alexandria. So schenkte Hieron II. (269 –214 v. Chr.) von Syrakus das von ihm gebaute Prachtstück Ptolemaios III., der den schwimmenden Palast fortan im Hafenbecken von Alexandria zur Schau stellte. Für alles andere war dieses Schiff schlicht zu unhandlich.

Handelsmuster

In der homerischen Welt der Abenteurer und Irrfahrer gehörten die Schiffe meist den Hauptakteuren der Erzählung, also den Adligen. Doch schon ab dem 6. Jh. v. Chr. werden in den antiken Quellen auch andere Konzepte greifbar. Formulierungen wie *»die Schiffe der Böoter, der Kerkyräer, der Athener …«* deuten darauf hin, dass Völker, Stämme oder Bewohner einer Insel, Landschaft oder Stadt gemeinsam Schiffe besaßen. Zuweilen werden auch Individuen als Eigentümer genannt. Zwar betreffen diese Informationen vor allem Kriegsschiffe, doch der Bau von

Handelsschiffen setzte gleichfalls erhebliche finanzielle Ressourcen voraus. So dürften auch bei diesen zunächst Adlige die Fäden in der Hand gehalten haben. Doch im Laufe der Zeit mischten sich andere in das Geschäft ein.

Wahrscheinlich boten sich antiken Händlern zwei Möglichkeiten, ihre Ware an den Mann zu bringen. Variante 1: Man fuhr einfach los. Variante 2: Man bewegte sich auf einer vorher festgelegten Route. Händler der Variante 1 reisten an der Küste entlang von Hafen zu Hafen, nahmen Ware an Bord und verkauften sie dort, wo sie den besten Preis erzielen konnten. Fand ihre Ware keinen Absatz, hatten sie Pech. Händler der Variante 2 fuhren gezielt zu bestimmten Orten, wo sie Abnehmer oder Auftraggeber trafen, denen sie eine vorher vereinbarte Ware wahrscheinlich zu einem festgelegten Preis lieferten. Diese Händler, im Grunde Lieferanten, setzten auf Sicherheit und verzichteten auf die Chance, andernorts einen höheren Preis zu erzielen.

Erfindung der Gebührenordnung

Seehandel fand nicht überall statt, sondern konzentrierte sich auf wenige Küstenorte oder Handelsniederlassungen. Zwar war auch außerhalb jener Orte Handel möglich, dieser galt aber als illegal oder als Schmuggel.

Handel sollte kontrolliert werden, denn wenn es um Getreide und andere Grundnahrungsmittel ging, hatte er eine Versorgungspflicht. Überdies ergaben sich weit über den Warenverkauf hinausgehende lukrative Verdienstmöglichkeiten: Hafen- und Liegegebühren, Hafensteuer, Ein- und Ausfuhrzölle, Verwaltungskosten für Warenabfertigung und Ausfertigung von Frachtpapieren, Besteuerung der Umsätze usw. Wer wollte sich das entgehen lassen? So entwickelte sich vielerorts eine beachtliche Bürokratie, die auf die Einhaltung der Gebührenordnung achtete.

Vor allem das Zollwesen brachte so viele Einnahmen, dass zum Beispiel Korinth auf direkte Steuern verzichtete. Bei einem Satz von rund 2,5 % erwirtschaftete Athen im 5. Jh. v. Chr. zeitweise 200 000 Drachmen und in Rhodos beliefen sich die Zolleinnahmen gar auf eine Million. Die gewinnbringenden Einnahmen bedeuteten für die Händler schlicht Mehrkosten, die sich im Verlauf ihrer Reise erheblich addieren konnten. So ging man schon in Athen davon aus, dass die Gewinnmarge einer Fracht 100 % betragen musste, wenn nach Abzug aller Rechnungen noch etwas übrig sein sollte.

Im Konfliktfall

Damit nicht jeder Handelsstreit gleich in Krieg ausartete, gab es in Athen ein »Seegericht«, das nicht nur Athenern, sondern allen offenstand. Die Richter waren mit der Seefahrt vertraut

Die Pfeilspitzen mit Resten von Blei an den Spitzen, wahrscheinlich von der Bleiummantelung des Schiffes, sind der eindeutigste Hinweis für den vermuteten Überfall und den folgenden Schiffbruch.

Taucherin über der Wrackstelle von Kyrenia.

und die Verfahren fanden mit Rücksicht auf die Geschäfte in der Wintersaison statt. Die Prozesse wurden ausschließlich auf der Grundlage abgeschlossener Verträge durchgeführt. Damit wurden alle am Seehandel Beteiligten mit Regeln und Normen vertraut gemacht und der Handel allmählich auf verbindliche Rechtsgrundlagen gestellt.

Ein ähnliches Ziel verfolgte das »Rhodische Seegesetz« zur Handelsschifffahrt. Geregelt wurden hierin Qualifikation und Kompetenz, Rechte und Pflichten von Schiffseignern, Schiffsführern und Händlern, aber auch Fragen der Haftpflicht bei Havarie, bei Kriegsgefahr und Piratenwarnung. Festgehalten wurden zudem Details: wieviel Gepäck und persönliche Sklaven ein Kaufmann kostenlos mit an Bord bringen durfte oder was im Falle von Verspätungen zu tun war. Die Regelungen zu Havarie und Haftung wurden von den Römern übernommen und gelten in Teilen heute noch.

Verträge und Finanzgeschäfte

Mit der Zunahme des Frachtverkehrs erlebte das Vertragswesen eine Blütezeit. Nur selten war der Besitzer des Schiffes auch der Händler oder gar der Kapitän. In der Regel verkaufte der Schiffseigner eine Transportleistung. Er charterte eine Mannschaft und bot dann Schiff mitsamt Besatzung zur Vermietung an – für eine Tour, eine Saison, einen Monat, was immer gebraucht wurde. Kam das Geschäft zustande, waren von allen Beteiligten Verträge zu unterzeichnen. In der Regel endete die Vertragslaufzeit im September oder bei Winterbeginn. Noch aufwendiger wurden die Verträge, wenn mehrere Händler eine Fahrgemeinschaft bildeten und gemeinsam ein Schiff charterten.

Überdies mussten Schiff und Fracht versichert und der Wareneinkauf, sofern er nicht vorfinanziert werden konnte, über Kredite, Darlehen oder Bürgschaften abgesichert werden. Der früheste Beleg für ein solches Darlehen stammt aus dem Jahre 421 v. Chr. – es enthielt einen Zinssatz von rund 24% und war bis spätestens 20 Tage nach Rückkehr und Warenverkauf zurückzuzahlen.

Im 4. Jh. v. Chr. trat der Athener Demosthenes mehrfach als Anwalt in Prozessen um Darlehen auf. Demnach sah das übliche Vorgehen so aus: Kaufleute nahmen einen Kredit auf, entweder bei Privatleuten oder einem Bankhaus. Davon wurden die Waren gekauft, diese verschifft und am Zielort verkauft. Der erzielte Erlös wurde dort in neue Waren investiert und diese am vereinbarten Zielhafen verkauft. Mit dem Erlös wurden alle Kosten beglichen und das Darlehen zurückgezahlt. Der Zinssatz für die Saison betrug rund 33 % und lag damit dreimal höher als für andere Kredite. Das war berechtigt. Denn im Falle seines Totalverlustes verlor der Kreditgeber sein Kapital, während der Kaufmann, sofern er das Desaster überlebt hatte, schuldenfrei sein nächstes Geschäft beginnen konnte. Man konnte also beträchtliche Gewinne erzielen, aber auch auf einen Schlag alles verlieren.

Der Kreditgeber hatte folglich ein hohes Interesse daran, dass die von ihm finanzierte Handelsfahrt nach Plan verlief. Grundlage hierfür waren schriftliche Abkommen mit Angaben zum Schiff und dessen Eigner, zur Route, zu Art und Wert der Fracht und Daten zu Abfahrt und Ankunft. Zielloses Hin- und Hertingeln war ausgeschlossen, spontane Routenänderungen mit Vertragsänderungen verbunden.

Um Unregelmäßigkeiten auszuschließen, begleiteten zuweilen Vertreter des Kreditgebers das Schiff. Denn clevere Kaufleute und Seefahrer ließen sich einiges einfallen, um sich um die Rückzahlung zu drücken. Offenbar schreckte man nicht einmal davor zurück, ein Schiff mit einer angeblich hochwertigen Fracht absichtlich zu versenken. Da ging der Kreditgeber doch lieber auf Nummer sicher.

Wer sich nur im regionalen Umfeld betätigte und vielleicht sogar selbst ein Schiff oder Boot besaß, konnte auf derartige Absicherungen verzichten. Damit erhöhte sich sein Risiko, doch zugleich die Gewinnmarge. Für diese Sorte Händler waren gerade kleine Frachter geeignet. Sie waren preiswerter zu bauen, brauchten keine große Besatzung und auch kein Händlerkonsortium, um den Frachtraum zu füllen; und wenn was schiefging, hielt sich der Verlust in Grenzen. Vorausgesetzt, man selbst war mit dem Leben davongekommen.

Innovation auf See – höher, schneller, weiter

Wer den Seehandel »beherrschte«, kam zu Wohlstand, zuweilen sogar an Macht. Aber Seehandel braucht Sicherheit. Nur Seemacht konnte diese garantieren. Die Sicherung der Handelsrouten stellte demnach eine vorrangige Aufgabe dar.

Als Kriegsschiffe sind für die Griechen verschiedene Bootstypen belegt: der einreihige Fünfzigruderer, die Pentekontere, ein Mehrzweckboot für Erkundungs- und Patrouillenfahrten und kleine Gefechte; der Zweireiher, die Diere, und als das eigentliche Kriegsschiff die Triere, ein Dreireiher. Mit der Möglichkeit, auf drei Ebenen rund 170 Ruderer plus weitere Besatzungsmitglieder unterzubringen, ersetzte sie gleich mehrere der herkömmlichen Einreiher mit 30 oder 50 Ruderern. Gleichwohl suchte man nach Möglichkeiten, die Anzahl der Ruderer und Seesoldaten noch weiter zu steigern. Mitte des 4. Jh. v. Chr. war die Entwicklung abgeschlossen. Die ersten Vielruderer (Polyeren), also Schiffe, auf denen jedes Ruder von mehr als einem Mann bedient wurde, stachen in See und traten ihren Siegeszug an. Ob Karthager oder Griechen für ihre Konstruktion verantwortlich zeichnen, ist umstritten. Unstrittig ist jedoch, dass dies die neuen Großkampfschiffe auf dem Mittelmeer waren. Vierruderer (griech. *Tetreren,* lat. *Quadriremen)* und Fünfruderer (griech. *Penteren,* lat. *Quinqueremen)* machten den Anfang. So wurden für einen Vierruderer auf den zwei übereinander angeordneten Riemenrängen jeweils zwei Mann pro Riemen, also insgesamt beidseitig je vier Männer pro Rudereinheit platziert – daher der Name Vierruderer. Dieses System wurde später so

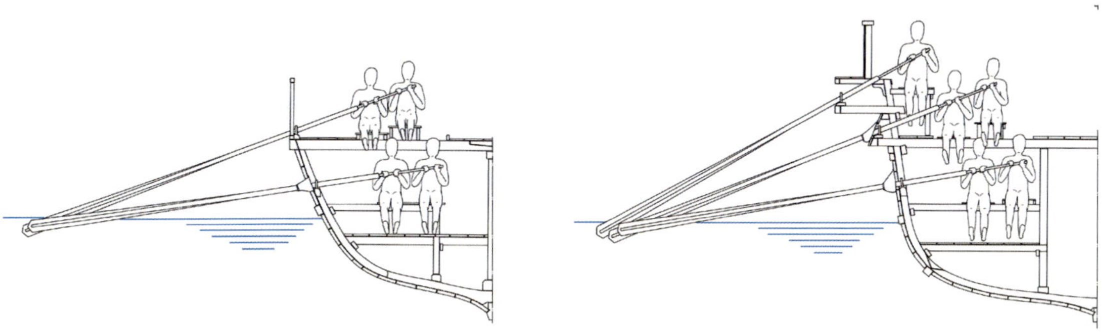

Bei den Polyeren wurde die Anzahl der Ruderer dadurch erhöht, dass mehr Männer an eine Ruderpinne platziert wurden. Rekonstruktionsversuch und schematische Darstellung der möglichen Anordnung der Ruderer in einem Vierer und Fünfer.

erweitert, dass vier, fünf, sechs und mehr Männer an jedem Ruder standen.

Ohne die Schiffe zu verlängern, denn auch diese Modelle blieben deutlich unterhalb der 40-Meter-Marge, ließ sich die Besatzungszahl dadurch enorm steigern: 240 Ruderer im Vierer (Tetrere), 300 Mann im Fünfer (Pentere), zuzüglich bis zu 100 weitere Männer: Marineinfanteristen, Seeleute und Schiffsführung. Überdies war dieses System erweiterbar und so waren bald auch Sechser, Siebener, Achter usw. unterwegs. Mit den in Folge entwickelten sogenannten »Supergaleeren« konnte man zwar beweisen, dass Zwanziger, Dreißiger oder gar Vierziger baulich irgendwie möglich waren, wie diese allerdings aussahen, ist heute unbekannt und wird kontrovers erörtert. In der Praxis setzten sie sich nicht durch. Sie blieben Schau- und Prunkobjekte, während Vierer, Fünfer, Sechser und andere alsbald zum üblichen Flottenbestand gehörten. So verfügte Athen um 330 v. Chr. über 393 Trieren und 18 Vierer, fünf Jahre später 360 Trieren, 43 Vierer und 7 Fünfer. Antigonos I. zog 315 v. Chr. mit einer Flotte von 240 Schiffen, darunter 90 Vierern, 10 Fünfern, 3 Neunern, 10 Zehnern in die Schlacht.

Zu den weiteren technischen Neuigkeiten gehörten ab dem 3. Jh. v. Chr. die *Hemiola* und die *Trihemiola,* ein »Einundeinhalb«-und ein »Zweiundeinhalb«-Ruderer. Ihr Aussehen und die Konstruktion geben gleichfalls Rätsel auf, doch müssen diese Schiffe schnell und wendig gewesen sein. Sie wurden nämlich angeblich bevorzugt von Piraten bzw. zu deren Verfolgung eingesetzt.

Aufgrund neuer Schiffsformen veränderten sich die Kampftechniken, schließlich waren mit den Polyeren mehr Männer als zuvor im Einsatz. Auch den Rammsporn hatte man zwischenzeitlich weiterentwickelt, denn der einfache Sporn barg die Gefahr, sich derart im gegnerischen Schiff zu verhaken, dass der Angreifer selbst nicht mehr loskam. Aus diesem Grunde wurde er erst mit Aufsätzen versehen, später dann zu einem dreizackigen Sporn ausgeformt. Je nach Material, Form und Machart wog ein Rammsporn zwischen 50 und 500 kg und entfaltete abhängig von Geschwindigkeit und Stoßrichtung eine hohe Durchschlagskraft.

Auf die Rammvorstöße folgte meist der Enterkampf. Ließ sich das gegnerische Schiff nicht entern, griff man zu Feuer. Ab dem 3. Jh. v. Chr. führte der Einsatz von Pfeilkatapulten und Wurfgeschützen zur Veränderung der Kampftaktik. Nun attackierte man erst aus der Ferne, dann folgte Rammen und Entern.

Ab dem 5. Jh. v. Chr. gab es wie in Piräus oder Karthago für die immer größer werdenden Kriegsflotten eigene Häfen und Schiffshäuser. In dem riesigen Hallenbau im Kriegshafen Zea von Piräus lagerte im 4. Jh. v. Chr. die Ausrüstung von immerhin 400 Kriegsschiffen. Karthago verfügte über Schiffshäuser für rund 220 Kriegsschiffe. Schon in der Antike wurden für derartige Anlagen besondere Vorkehrungen getroffen. So waren Militärhäfen befestigt und der Zutritt für Unbefugte verboten – sie galten quasi als Sperrzonen.

Neue Impulse aus dem Westen – die Etrusker

Parallel zu den kulturellen Entwicklungen im östlichen Mittelmeerraum kristallisierte sich auch im Westen eine wirtschaftliche und politische Kraft heraus, die spätestens ab dem 8. Jh. v. Chr. aktiv in dem großen Geschäft auf dem Mittelmeer mitmischen wollte. Ihr Eintrittsticket waren die großen Erzlagerstätten, insbesondere Eisen, Kupfer, Blei, Silber und beachtliche Holzvorkommen.

Die Rede ist von den Tyrrhenern oder Etruskern, wie Griechen und Römer die Bewohner Etruriens, der heutigen Toskana und Latiums nannten. Wie die Etrusker sich selbst nannten, ist unbekannt. Auch ihr Ursprung, ihre Herkunft und ihre Genese sind nach wie vor ein Rätsel. Doch ab dem 8. Jh. v. Chr. waren sie da. Sie gründeten erste Städte, beherrschten schließlich Mittelitalien und wurden eine bedeutende See- und Handelsmacht. Auch im westmediterranen Raum entstanden mit ihnen nun städtische Gemeinwesen. Überdies hinterließen die Etrusker eine Kunst von außergewöhnlicher Lebendigkeit und Ausdruckskraft.

Ihre Städte errichteten sie meist landeinwärts, nur wenige direkt am Wasser. Die bekannteste von ihnen war Populonia.

Entspannte Haltung und munter springende Delphine – derartige Bankettszenen brachten den Etruskern nicht nur Sympathien ein, um 520 v. Chr., Tomba del Leonesse, nahe Tarquinia (Italien).

Sie lag direkt gegenüber von Elba, das mit seinen Kupfer- und Eisenvorkommen ein Zentrum der Erzgewinnung und Eisenverhüttung war. Ansonsten waren die Küsten nur spärlich besiedelt, boten aber viele natürliche Ankerplätze und Buchten für Häfen. Oft genügten auch einfache Anlegestellen, denn Dank der Wetterlagen war die Seefahrt vor den Küsten Etruriens weniger gefährlich als andernorts.

Mit Sinn für Kunst

Den Phöniziern waren die Etrusker keine Unbekannten. Sie hatten schon früh Kontakte zu ihnen aufgebaut und belieferten die neue Aristokratie Mittelitaliens ab dem 9./8. Jh. v. Chr. regelmäßig mit Luxusgütern. Privat pflegte die Elite einen griechischen Lebensstil und veranstaltete offenbar gerne Feste nach dem Vorbild der in den griechischen Epen so farbig geschilderten Trinkgelage. So überrascht es nicht, dass zunächst Phönizier und Euböer die Etrusker mit der im gesamten Mittelmeerraum beliebten Keramik aus Korinth und Athen versorgten. Ab dem 6. Jh. v. Chr. übernahm Athen das Italiengeschäft. Etrurien entwickelte sich zu einem überaus kunstsinnigen Massenmarkt. Die schönsten griechischen Vasen wurden in etruskischen Gräbern entdeckt. Aber auch die Produkte aus Phönizien und Ägypten fanden begeisterte Abnehmer. Im Gegenzug wurden Kupfer, Eisen und andere Metalle geliefert. An Fertigprodukten

Die typische schlichte schwarzgrundige Bucchero-Keramik aus einem etruskischen Grab, 6. Jh. v. Chr.

hatten die Etrusker, mit Ausnahme von Metallarbeiten und schlichter schwarz polierter Keramik, dagegen eher wenig »auf Lager«.

Ab dem 7. Jh. v. Chr. entstand in den etruskischen Städten allmählich eine durchaus vermögende Mittelschicht, die dank ihrer Kaufkraft gleichfalls Handel, Wirtschaft und die städtische Entwicklung vorantrieb. Alsbald ging man, dem Vorbild der Nachbarn folgend, zur Münzwirtschaft über. Der antiken Überlieferung nach zu urteilen, wurden bereits Handelsmethoden wie Zwischenhandel, Handel über Anzahlungen oder große Transaktionen mittels Zeugen und Bürgen praktiziert.

Störenfriede

Phönizier und Etrusker begegneten sich nicht nur auf wirtschaftlicher Ebene, auch kulturell hatten sie sich einiges zu sagen und die gegenseitige Wertschätzung fand überdies baulichen Ausdruck. So wurde in Pyrgi, unweit von Caere, dem heutigen Cerveteri, ein Heiligtum entdeckt, das im 6. Jh. v. Chr. von den Etruskern für die Phönizier errichtet wurde, einer phönizischen Gottheit gewidmet war und offenbar nicht nur ansässige phönizische Kaufleute ansprechen sollte.

Während Etrusker und Phönizier den westlichen Mittelmeerraum offenbar einvernehmlich zwischen sich aufgeteilt hatten, begannen die griechischen Neuankömmlinge, die etruskisch-phönizischen Netzwerke zu stören. Besonders forsch traten die Bewohner aus Phokaia von der kleinasiatischen Küste auf. Sie machten den Phöniziern ihr Monopol in der Ausbeutung der Purpurschnecke streitig und gründeten um 600 v. Chr. in Massilia, dem heutigen Marseille, eine Kolonie, die es zu einigem Ruhm bringen sollte. Von dort aus waren sie nicht nur im mittelmeerischen Handel aktiv, sondern organisierten auch den Handelsfluss in Richtung Norden.

Im Verlauf des 6. Jhs. v. Chr. geriet Phokaia ins Visier der Perser und weite Teile der Bevölkerung emigrierten nach Westen. Die meisten zog es nach Massilia, aber auch neue Stützpunkte wurden in Beschlag genommen, zum Beispiel Alalia an der Ostküste Korsikas – aus der Sicht der Phönizier und Etrusker ein echter Affront.

Kampf den Phokaiern

Etrusker und Phönizier, genauer gesagt die Bürger Karthagos – deren Stadt, nachdem die Handelsaktivitäten der Levantestädte allmählich zum Erliegen gekommen waren, sich zu einem wahren Machtzentrum entwickelt hatte –, verbündeten sich gegen die Phokaier. Gemeinsam wollten sie deren Vormarsch stoppen. Die Auseinandersetzungen begannen 540 v. Chr. und erstmals kam es nun auch zu einer Seeschlacht: Rund 180 Schiffe, 60 aus Karthago, 60 aus dem etruskischen Caere und 60 Schiffe der Phokaier, wahrscheinlich Pentekonteren, traten 535 v. Chr. vor der Ostküste Korsikas gegeneinander an. Die Verluste waren hoch, allein die Phokaier verloren zwei Drittel ihrer Schiffe. Trotz der gewaltigen Übermacht siegten die Phokaier wohl aufgrund ihres versierten Umgangs mit dem Rammsporn. Dennoch traten sie den Rückzug an. Mit den verbliebenen Schiffen evakuierten sie ihre Landsleute und flüchteten nach Süditalien.

Mit dem Abzug der Phokaier war die alte Ordnung vorerst wieder hergestellt. Das rohstoffreiche Sardinien blieb im Einflussbereich der Karthager und fiel nicht in die Hände der geschäftstüchtigen Griechen. Dagegen hatten die Etrusker wieder freien Zugang nach Korsika und dessen Ressourcen und wichtiger noch, keinen Rivalen mehr in der Nachbarschaft. Zwar blieben die Phokaier in Massilia, aber es stellte sich nun ein Gleichgewicht ein, welches den Quellen zufolge ein halbes Jahrhundert Bestand haben sollte. Der äußerste Westen blieb den Griechen versperrt, zumindest so lange, wie Karthago ein aktiver Machtfaktor war. Dagegen drohten den Etruskern Konflikte vermehrt im eigenen Land – die Kelten rückten vor und Rom, eigentlich eine Stadt im etruskischen Herrschaftsbereich, entwickelte allmählich größere Ambitionen.

Anfang vom Ende

Auf See kam es im Verlauf des 5. Jhs. v. Chr. abermals zu militärischen Auseinandersetzungen. In der Schlacht von Salamis 480 v. Chr. bezwangen die Griechen unter der Führung Athens erst die persische Flotte und schließlich die Karthager bei Himera an der Nordküste Siziliens. Karthago begann, seine Vorherrschaft zu verlieren. Syrakus, genauer gesagt Hieron I., der Tyrann von Syrakus, bestimmte zunehmend die Geschicke im Tyrrhenischen Meer und erschwerte sowohl Etruskern als auch Athenern die Fortsetzung ihrer Handelsaktivitäten. Die Etrusker reagierten geschickt und verlagerten, nachdem man ihnen das maritime Geschäft derart vermasselt hatte, ihre Interessen zunächst aufs Inland. Dort bemächtigten sie sich mehrerer Städte, darunter Perugia, Bologna und anderer, und verlagerten dann ihren Handel an die adriatische Küste, nach Spina. Dieser Ort, am Hauptarm des Po direkt an der Küste gelegen, bot Gelegenheit für den Überseehandel nach Griechenland und zugleich über Po und Reno Handelswege ins Binnenland.

Dennoch kam es 474 v. Chr. in den Gewässern vor Cumae (Campanien) erneut zu einer heftigen Seeschlacht, in deren Verlauf weite Teile der etruskischen Flotte zerstört wurden. Im Jahr 453 v. Chr. sandte Syrakus unter dem Vorwand, Seeräuber bekämpfen zu wollen, Schiffe nach Caere. Das eigentliche Interesse galt aber wohl den Rohstoffen auf Elba und Korsika. Alle Schlachten endeten für die Etrusker mit herben Niederlagen und auch die gemeinsame Strategie mit den Athenern im Jahr 413 v. Chr. gegen Syrakus führte zu einem Fiasko: Die Athener verloren ihre Flotte, wohl an die 150 Schiffe mitsamt Besatzung. Die Niederlage läutete zugleich den Niedergang der etruskischen Seeherrschaft im westlichen Mittelmeerraum ein. Fortan mussten die Etrusker das Tyrrhenische Meer mit immer mehr Akteuren teilen. Zu den Karthagern, Griechen oder Syrakusern kamen nun Römer und andere Stämme aus dem mittel- und süditalienischen Raum hinzu. Mit dem Aufstieg Roms endete schließlich die wirtschaftliche und politische Vorherrschaft der Etrusker und zwischen dem 3. und 1. Jh. v. Chr. verschwand Etrurien als eigenständige Kraft von der italienischen Bühne.

Üble Nachrede

Es gab vieles, was die Griechen an den Etruskern irritierte. Manches erschien ihnen sogar skandalös und gerne zeichneten sie das Bild einer dekadenten, verweichlichten und zügellosen Gesellschaft. Andererseits beklagten sie sich über die angeblich so hartnäckigen Seeräuber, die ohne Rücksicht Schiffe überfielen. Der griechische Historiker Ephoros von Kyme berichtet, dass griechische Seeleute im 8. Jh. v. Chr. aus Angst vor etruskischen Seeräubern die Gewässer vor der Ostküste Siziliens mieden. Aus eigener Anschauung konnte der im 4. Jh. v. Chr. lebende Ephoros dies freilich nicht wissen. Handelte es sich also um ein altes Gerücht? Überdies änderte sich die Situation nach der Gründung der griechischen Kolonie Naxos auf Sizilien um 735 v. Chr. grundlegend, wie der lebendige Handelsaustausch zwischen griechischen Städten und Mittelitalien deutlich zeigt. Jedoch: Der schlechte Ruf der Etrusker blieb. Selbst den römischen Adelsfamilien, die sich gerne auf ihre etruskische Vorfahren beriefen, waren die Etrusker nicht geheuer – Kulturbringer, unzivilisierte Barbaren, Lüstlinge oder schlimmer noch Seeräuber? Irgendwie konnte man sich nicht recht entscheiden.

Was das Verhältnis von Griechen und Etruskern betraf, kann dieses eigentlich nicht allzu schlecht gewesen sein – die Etrusker verehrten die Griechen. Sie imitierten deren Kunst, deren Handwerk, ahmten deren Keramik, deren Lebensweise, deren Feste und Trinkgelage nach. Sie vergötterten deren Epen und bemalten ihre Vasen, Gräber und Tempel mit Szenen aus der griechischen Mythologie. Caere und Spina unterhielten ein Schatzhaus in Delphi und in Gravisca, dem Hafen der etruskischen Stadt Tarquinia, gab es bis ins 5. Jh. v. Chr. eine griechische Siedlung mit Wohnhäusern, Werkstätten und Tempeln, wo sich Kaufleute aus Samos, Milet, Ephesos, Korinth, Sparta und Athen ein und aus gingen.

Schale mit der Darstellung der Entführung des Dionysos, angefertigt um 540 v. Chr. von dem in Athen wirkenden bedeutenden Künstler Exekias, Staatliche Antikensammlung München.

Dionysos – der geraubte Gott

Homer zufolge konnte es sogar die Götter erwischen: Demnach überfielen etruskische Piraten Dionysos, den Gott des Weines, der Freude und der Fruchtbarkeit am Strand und entführten diesen auf ihr Schiff. Sie hielten ihn für einen Königssohn und erhofften sich ein stattliches Lösegeld. Nur der Steuermann erkannte, wer den Piraten wirklich ins Netz gegangen war. Doch seine Warnungen verklangen ungehört. Plötzlich rankte Wein an Mast und Rudern entlang, der zornige Gott begann zu brüllen. Vor Schreck stürzten die Piraten über Bord und verwandelten sich in Delfine. Nur der Steuermann wurde begnadigt.

Die Dionysos-Geschichte war populär und deshalb ein beliebtes Motiv in der Kunst. Eine besonders schöne Schale des berühmten Malers Exekias fand sich in einem etruskischen Grab bei Vulci – die Etrusker hatten Sinn für Kunst und waren offenbar nicht beleidigt, dass Homer sie der Piraterie bezichtigte.

Handelte es sich also bei den Seeräubergeschichten über die Etrusker lediglich um Klatsch und Tratsch? Abermals fehlt eine Gegendarstellung aus Sicht der Etrusker. Zwar verfügten diese über eine Schrift, doch entzieht sich diese bis heute der Entschlüsselung. So konnten die Griechen den Etruskern auch die Geschichte mit Dionysos in die Schuhe schieben (siehe Kasten).

Vieles spricht dafür, dass die wenigen Quellen die Lage überzeichnen. Was wirklich blühte, war nicht die Kriminalität, sondern die üble Nachrede – und Piraten dürfte es gerade ab dem 6. Jh. v. Chr. auf allen Seiten gegeben haben. Dank der Seehändler aus der phönizischen, der griechischen und der etruskischen Welt nahm das Gedränge auf dem Mittelmeer zu und auch für die Antike galt bereits: »Konkurrenz belebt das Geschäft« und »Gelegenheit macht Diebe«!

Seefahrer auf dem Tyrrhenischen Meer

Wer im mediterranen »Welthandel« mitmischen wollte, brauchte Kontakte und Waren. Wie die weitverbreiteten Amphoren für Wein, Öl oder Oliven sowie die schwarzwandigen Henkelschalen, die sogenannten *buccheros* und andere Geschirre zeigen, verfügten die Etrusker über beides. Im Aufbau ihres Handelsnetzes setzten sie allerdings nicht nur auf Bewährtes, sondern suchten offenbar gezielt den Kontakt zu den wirtschaftlich noch unterentwickelten Bevölkerungen in Gallien und Iberien. Deutlich geringer fielen demgegenüber die Warenlieferungen in den griechischen und ostmediterranen Raum aus. Dorthin wurden wohl in erster Linie Rohstoffe, also Kupfer aus Volterra und Vetulonia und Eisen aus Populonia und der Insel Elba verhandelt. Im Gegenzug gelangten Massen hochwertiger griechischer Feinkeramik nach Etrurien und die Oberschicht in Tarquinia und anderen aufstrebenden Städten präsentierte ihren Wohlstand mit dem Besitz von Straußeneiern, Elfenbeinarbeiten, Goldplaketten, kostbaren Fayencen und Gläsern, die aus dem ostmediterranen Raum über die Phönizier zu ihnen gelangten.

Obschon vielfach betont wird, dass die Etrusker große Seefahrer waren, gibt es keine zeitgenössischen Beschreibungen zum Aussehen etruskischer Schiffe. Auch die als Grabbeigabe verwendeten kleinen tönernen Schiffsmodelle sowie Grabfresken, Vasenbilder und Reliefs liefern kaum sachdienliche Hinweise.

Ein besonders schönes Beispiel für Schiffsdarstellungen ist der Aristonothos-Krater aus dem 7. Jh. v. Chr.: links ein flaches Ruderschiff mit Kampfdeck über den Ruderern und langem Rammsporn, wahrscheinlich ein griechisches Kriegsschiff; rechts ein rundbauchiges Schiff mit hohen Bordwänden, einem Segelmast mit Mastkorb und schwer bewaffneter Besatzung – ein etruskisches Frachtschiff, das offenbar von einem griechischen Kriegsschiff und damit wohl von Seeräubern attackiert wird. Ein außergewöhnliches Motiv!

Diese und andere Darstellungen lassen vermuten, dass sich die Etrusker beim Schiffbau von griechischen und phönizischen Vorbildern beeinflussen ließen, zuweilen aber auch eigene Wege gingen. So zeigt ein Grabfresko im Tomba della Nave ein Schiff mit außergewöhnlich hohen Bordwänden und zwei Segelmasten, also einem Groß- und wahrscheinlich einem Focksegel. Es handelt sich um ein Handelsschiff, allerdings von einer für das 5. Jh. v. Chr. nahezu gänzlich unbekannten Form, Größe und Ausstattung. Wenn es solche Schiffe wirklich gab, dürften diese bei Rückenwind, ihrer einsegligen Konkurrenz glatt davongefahren sein.

Etruskisch oder griechisch?

Mittlerweile sind in den tyrrhenischen Gewässern rund 16 Wracks bekannt. Die meisten datieren ins 6. Jh. v. Chr. Ob es sich um etruskische oder griechische Schiffe handelt, ist ungewiss, denn vermutlich sahen sich die Schiffe alle recht ähnlich. Eine etruskische Herkunft ließe sich demnach am ehesten für jene Wracks vermuten, die ausschließlich etruskische Waren enthielten, also mit Wein gefüllte etruskische Amphoren und Bucchero-Keramik, wie in den Wracks von Grand Ribaud F, Nizza, Antibes, Dattier, Cassidaigne, Esteù dou Mieù und Bon Porté, allesamt vor der französischen Küste gekentert. Offenbar hatten sie Wein von Etrurien nach Gallien transportiert.

Überfall eines Kriegsschiffes auf einen Frachter, 1. Hälfte 7. Jh. v. Chr., Krater des Aristonothos aus Cerveteri, Palazzo dei Conservatori, Rom.

Doch angesichts der Handelsverflechtungen und dem recht internationalen Zusammenspiel von Reedern, Schiffseignern, Schiffsführern und Händlern bleibt selbst dies ungewiss.

Neben homogen anmutenden Frachten gab es auch Schiffe, die eine Vielzahl an Waren aus unterschiedlichen Regionen transportierten. Ein Beispiel hierfür ist Wrack A von Pointe Lequin, das zwischen 1986 und 1993 archäologisch untersucht werden konnte. Die Ladung dieses Schiffes, das Mitte des 6. Jhs. v. Chr. nördlich der Insel Porquerolles vor der französischen Küste kenterte, umfasste rund 90 Amphoren unter anderem aus Lesbos, Milet, Samos und Korinth sowie weitere 600 Gefäße attischer Feinkeramik und über 1500 fein verzierte ionische Becher, Schalen und Teller, außerdem Bronze- und Tonstatuetten. Das Frachtgewicht betrug geschätzt rund 5 t und die Lieferung zeigt, in welchem Umfang die Bevölkerung Marseilles im 6. Jh. v. Chr. mit Produkten aus dem ostmediterranen Raum und Griechenland beliefert wurde. Eine solche Fracht war überdies kein Einzelfall, wie die Wrackfunde von Bon Porté, Gela und Giglio mit gleichfalls phönizischen, griechischen und etruskischen Waren zeigen.

Die Wracks sind bedauerlicherweise schlecht erhalten. Schiffstypen lassen sich deshalb nicht feststellen. Gleichwohl scheint es sich mit Ausnahme des gut 30 m langen Wracks Grand Ribaud F eher um kleine Schiffe im Plankenbau von maximal 15 m Länge gehandelt zu haben. Das Wrack von Bon Porté maß sogar nur 10 m.

Waffen an Bord

An dem 1961 entdeckten, aber erst von 1983 bis 1986 untersuchten Wrack von Giglio (580 v. Chr.) konnten acht Holzarten nachgewiesen werden. So hatte man für den rund 25 m langen Schiffsrumpf Kiefer, Fichte, Eiche, Ulme und Steinlinde verwendet, die Holznägel aus Olivenholz, Steinlinde oder Hasel gefertigt und die Takelage aus Buchsbaum und Eiche. Transportiert hatte der Frachter Oliven, Pech und Olivenöl, gut verpackt in Amphoren, sowie kleine Mengen Kupfer und Blei und etruskische, korinthische und phönizische Feinkeramik. An Bord waren überdies mehrere Anker aus Granit, sehr viele Bleigewichte, wahrscheinlich Netzsenker sowie mehrere Pfeilspitzen und ein Helm. Waffen sind auf Handelsschiffen ungewöhnlich – sie waren in der Regel kein Handelsprodukt. Insofern überrascht es, dass aus dem kleinen Wrack von Bon Porté gleichfalls eine Lanzenspitze stammt. Damit nicht genug: Mittlerweile sind von über 53 Wracks Waffenfunde bekannt, insbesondere Geschosse, Lanzen und Dolche, vor allem aber Helme. Ab dem 6. Jh. v. Chr. nimmt die Zahl der Wracks mit Waffen zu. Allein 28 Fundstellen datieren in die Zeit vom 2. Jh. v. Chr. bis 1. Jh. n. Chr. und sie befinden sich mehrheitlich in westmediterranen Gewässern.

Dies muss nicht bedeuten, dass alle diese Handelsschiffe Opfer eines Piratenangriffs wurden und deshalb sanken. Zunächst sind sie vor allem ein Indiz dafür, dass die Gefahr auf See zunahm. Selbst Handelsschiffe mussten sich schützen und nahmen entweder bewaffnete Besatzungsmitglieder an Bord oder sie hielten für den Ernstfall Waffen bereit.

Ungewöhnlich großes Frachtschiff mit zwei Segelmasten, Fresko im Tomba del Nave, Tarquinia (Italien).

Von Landratten und Seefahrern – die Römer

Denkt man an große Seemächte der Antike, fallen einem die Römer nicht als Erstes ein. Erstaunlich! Denn im Grunde waren sie auf See kaum weniger erfolgreich als an Land: Es dauerte 116 Jahre, dann hatten sie das Mittelmeer unter ihre Kontrolle gebracht. Das hatte vor ihnen noch keiner geschafft. Allerdings hatte es auch niemand derart konsequent versucht. Nun wurde das Mittelmeer zum *mare nostrum*, unserem Meer. Schon im 1. Jh. v. Chr. setzte sich der Ausdruck allmählich durch. Mit dem Amtsantritt von Kaiser Augustus ab 27 v. Chr. galt die *Pax Romana* auch für das Mittelmeer und dieses glich, wie Cicero es formulierte, vom Ozean bis zum Schwarzen Meer einem *»sicheren und geschlossenen Hafen«* (Cicero, Über die konsularischen Provinzen 31). Mit den Römern hatte demnach ein Akteur die »Seebühne« betreten, der in zunehmendem Maße zwei Ziele verfolgt hatte: Sicherung der Handelsinteressen und politische Vorherrschaft. Um die Zeitenwende waren beide Ziele erreicht.

Gleichwohl gelten die Römer als »Landratten« und die antike Überlieferung hat einiges dazu beigetragen, diesen Eindruck zu bestärken. Bezweckt wurde mit einem derartigen Understatement eher anderes. Das Szenario agrarischer Landschaft mit erdverbundenen fleißigen Landmännern ließ gerade die frühen Seeschlachten umso wagemutiger und die Siege umso grandioser erscheinen: *»Eben hieran kann man wohl am besten den hohen Sinn und den Wagemut erkennen, der den Römern eigen ist. Denn obwohl ... alle Voraussetzungen fehlten und sie bisher ihre Gedanken noch niemals auf das Meer gerichtet hatten, sondern ihnen dies damals zum ersten Mal in den Sinn kam, nahmen sie die Sache mit solcher Kühnheit in Angriff, dass sie, noch ehe sie sich darin versucht hatten, sogleich mit den Karthagern zur See zu kämpfen wagten«* (Polybios, Geschichte I,20) – so schildert Polybios, griechischer Geschichtsschreiber des 1. Jhs. v. Chr., das schiere Wunder, an dessen Beginn eine glückliche Fügung stand, die den Römern als Vorlage das Wrack eines karthagischen Kriegsschiffs in die Hände spielte, anhand dessen sie in Windeseile den Schiffbau erlernten, binnen weniger Wochen eine Flotte bauten und sozusagen in der Jungfernfahrt einen Sieg über Karthago errangen. Einfach so, aus dem Nichts?

Ein Kriegsschiff mit bemannter Besatzung verlässt den Hafen, Ausschnitt aus einem gemalten Wandfries im Haus der Vettier in Pompeji (Italien).

Wichtiges zuerst!

Richtig ist, dass die Römer das Meer nicht als Erstes stürmten. Zunächst forderte die nähere Umgebung ihre Aufmerksamkeit. So befassten sie sich mit dem Machtausbau zu Lande und erkämpften sich die Vorherrschaft über Etrurien, die angrenzende Region Latium, schließlich über Campanien und

Hannibal, der Rhodier – Kundschafter oder Pirat?

Bei der Belagerung von Lilybäum (heute Marsala) durch die Römer bot sich Hannibal als Kundschafter an. Er schlich aus der belagerten Stadt und erkundete mit seinem Schiff die Lage. Wer war dieser Mann? Viel ist nicht bekannt. Vermutlich stammte er aus wohlhabender Familie und war selbst Aristokrat. Jetzt diente er den Karthagern als General. Die Tatsache, dass er über eine Tetrere, also ein leistungsstarkes Ruder-Kriegsschiff verfügte, lässt vermuten, dass er als Söldnerführer angeheuert worden war, vielleicht betätigte er sich »nebenbei« auch als Seeräuber. Im 3. Jh. v. Chr. war Seeraub für Herren von adliger Abstammung noch eine durchaus akzeptable Beschäftigung und Beutekrieg war eine übliche Facette des Krieges, also ohnehin erlaubt.

Apulien. Ab dem 3. Jh. v. Chr. wurden knapp 30 Kolonien auf ehemals etruskischem und campanischen Boden gegründet, 26 davon in direkter Küstennähe. Mit den übrigen Küstenstädten schloss man Abkommen und ein weitläufiges Fernstraßennetz verband diese mit Rom. Zwei Jahrhunderte später war die Zeit der eigenständigen Regionalkulturen vorbei. In Italien wurde überall Latein gesprochen.

Kaum erlaubte der Machtausbau zu Land eine Atempause, richtete man den Blick aufs Meer. Schon seit dem ausgehenden 6. Jh. v. Chr. bestand ein Abkommen mit Karthago, das für beide Vertragspartner klare Aktionsräume festlegte. Demnach waren den Römern und ihren Verbündeten Handelsfahrten erlaubt, Kriegs- und Beutezüge südlich und östlich des »Schönen Vorgebirges« (Kap Farin, Golf von Tunis) untersagt. Bei derartigen Fahrten handelte es sich, wie bei den Griechen, meist um private Beutezüge Adliger. Dagegen wurde den Karthagern zugestanden, italische Städte außerhalb des römischen Machtbereichs zu überfallen, wenn sie diese anschließend unversehrt Rom übergäben. Eroberung wurde also »outgesourct«. Ob diese Rechnung aufging, ist unbekannt, schließlich lag der Anreiz für Überfälle in der Beute und nicht in der »unversehrten Übergabe«.

Den eigentlichen Küstenschutz übernahmen Bundesgenossen und die neuen Kolonien an den Küsten. Eine ganze Zeit lang brauchte Rom selbst keine eigene Flotte. Gleichwohl zeigen die Vereinbarungen, dass auch die Römer selbst längst auf dem Meer unterwegs waren. Mit der Gründung von Ostia als erster Seestadt verfügte Rom ab 340 v. Chr. mittels einer Flusspassage über den Zugang zum Meer. Um 334 v. Chr. gelang es, einige Schiffe in den eigenen Besitz zu bringen, die den Grundstock für eine erste Küstenflotte bildeten. Um 311 v. Chr. umfasste diese rund 20 Schiffe und Flottenbeamte kümmerten sich offiziell um deren Bestand, auch Hafenanlagen und Schiffshäuser gab es längst.

Blühende Stadt in Trümmern

Im Verlauf des 4. und 3. Jhs. v. Chr. wurden die Verträge mit Karthago mehrfach verlängert. Ab 264 v. Chr. mehrten sich die Auseinandersetzungen zwischen den Vertragspartnern. Rom wollte Karthago aus Westsizilien verdrängen, da man befürchtete, es könne Ostsizilien an sich reißen. Es folgten die Punischen Kriege. Sie sollten weit über die eigentliche Krisenregion hinaus ausufern und mit gigantischen Verlusten einhergehen. Allein von 255 v. Chr. bis 249 v. Chr. verloren die Römer laut Diodorus (Griechische Weltgeschichte 23,18,1; 24,1,9) mehr als 700 Schiffe – davon Hunderte an Schiffen und 100 000 Männer in einem Sturm bei Camarina, an der Südostspitze von Sizilien.

Klein beigeben kam indes nicht infrage. Rom duldete im westlichen Mittelmeerraum keine zweite Macht. Der Dritte Punische Krieg brachte schließlich das Ende. Im Jahr 146 v. Chr.

lag die einst blühende phönizische Handelsmetropole in Trümmern. Den tragischen Niedergang fasste Bertolt Brecht in einem offenen Brief an die deutschen Künstler und Schriftsteller 1951 so zusammen: *»Das große Carthago führte drei Kriege. Es war noch mächtig nach dem ersten, noch bewohnbar nach dem zweiten. Es war nicht mehr auffindbar nach dem dritten.«*

Aus Landratten werden Seefahrer

Zu Beginn des Kriegs gegen Karthago zog Rom in seine erste Seeschlacht – die Schlacht von Mylae 260 v. Chr., an der Nordspitze Siziliens. Sie endete mit einem römischen Sieg. Quasi über Nacht war aus den römischen Landratten eine veritable Seemacht geworden, denn Polybios zufolge war es den Römern geglückt, nach dem Vorbild eines gestrandeten Kriegsschiff der Karthager innerhalb von gerade mal zwei Monaten 150 Quinqueremen und Triremen zu bauen. Vieles spricht dafür, dass die Römer sich nicht gar so unbedarft in diese Seeschlacht warfen. Schon der Kontakt mit den Etruskern hatte sie an die Schifffahrt herangeführt. Seit der Eroberung der italienischen Halbinsel verfügten sie für den Schiffbau über bestes Bauholz aus Latium, Süditalien, später auch von Korsika, sowie über versierte Schiffbauer und -entwickler, also das nötige Know-how. Die Zusammenarbeit mit Karthago und Campanien ersparte ihnen den Aufbau und kostspieligen Unterhalt einer eigenen Flotte. So unterstützte Karthago die Römer noch im Kampf gegen Pyrrhus von Epirus 278 v. Chr. mit rund 120 Schiffen.

Die Einrichtung einer Flottenaufsicht in Ostia 267 v. Chr. zeigt jedoch, dass die Römer wenig später durchaus eigene Schiffe hatten: um 260 v. Chr. angeblich immerhin 100 Quinqueremen und 20 Trieren, vier Jahre später 230 Quinqueremen und alsbald weitere 220 Schiffe. Die Römer waren also, was das Maritime anging, weder unerfahren noch hilflos und sie verfügten über »externe Fachkräfte« und Verbündete, die seetüchtige Schiffe bauen, rudern, segeln und manövrieren konnten.

Ruinen der punischen Siedlung Karthagos (Tunesien). unterhalb des Byrsa Hügels.

Gleichwohl waren die Mannschaften zu versorgen und zu bezahlen. Wie bei den Griechen waren hierfür Beutezüge eine nicht zu unterschätzende Einkommensquelle. So brachte allein die Eroberung von Aspis (heutiges Kélibia, Tunesien) 255 v. Chr. 20 000 Gefangene, große Viehherden und weitere Beute, denn auch die Römer betrachteten eroberte Städte mitsamt ihren Einwohnern als Eigentum.

In einem anderen Fall wurde die geraubte Beute entsprechend dem Rang verteilt. So zahlte Gnaeus Octavius, der siegreiche Flottenkommandant, einem einfachen Ruderer 75, dem Steuermann 150 und dem Kapitän 225 Denare aus. Der Beutekrieg lohnte sich also für alle und zog Nachahmer an. So konnte man die für einen Beutezug erforderlichen Schiffe hierfür sogar ausleihen: *»Im Folgejahr hielten sich die Römer staatlicherseits vom Seekrieg fern ... privat aber fügten einige, die Schiffe gefordert hatten, unter der Bedingung, dass sie jene zurückgaben, die Beute aber sich aneignen durften, dem Feind (Karthago) Schaden zu«* (Zonaras, Geschichte 8,18,3).

Auch die Senatoren entdeckten den Seehandel als neues Betätigungsfeld und schalteten sich in den lukrativen Handel

Die typischen Karstlandschaften Dalmatiens sind gekennzeichnet durch Wassermangel, Waldarmut und Winderosion. Nur in geschützten Lagen finden sich Gras und Sträucher. Über weite Strecken tritt der nackte Fels zutage.

mit Getreide und Menschen ein. Diese Entwicklung veränderte zugleich die Einstellung zu Seeraub. Die Überfälle konnten das eigene Vermögen treffen. Folgerichtig wuchs das Interesse an sicheren Handelsräumen und Seewegen, gepaart mit der Erkenntnis, dass eine weiträumig agierende Seemacht neben Sicherheit auch wirtschaftliche Vorteile bieten konnte.

Was die militärische Seite anging, hatte Rom außerdem dafür gesorgt, dass maritime Erfolge mittlerweile genauso gefeiert und triumphal geehrt wurden wie Landkriege. Seeschlachten waren aufwendig und kostspielig, sie waren allerdings auch schneller, risikoreicher und spektakulärer. Wer es auf Ruhm abgesehen hatte, kam an einer Seeschlacht kaum mehr vorbei. Maritime Operationen genossen große öffentliche Aufmerksamkeit und an Land boten sogenannte *naumachia* – kriegerische Schaukämpfe auf Seen oder künstlichen Wasserflächen – den echten Landratten einen zwar wenig realistischen, aber dennoch eindrucksvollen Anblick von der Dramatik auf See.

Treffpunkt: Illyrien

Der anhaltende Konflikt zwischen Rom und Karthago schwächte die Seemacht Karthago. Es kam zu Übergriffen. Italische Händler und Kaufleute beschwerten sich über die zunehmende Zahl an Überfällen. Der Verdacht fiel auf die Illyrer. In der Tat bot die Küste Dalmatiens viele Verstecke, Schlupflöcher und Rückzugsmöglichkeiten. Überdies waren die schwerfälligen Frachtsegler den illyrischen Liburnen unterlegen. Dieser leichte und wendige, wohl zweireihige Ruderer imponierte den Römern derart, dass sie ihn ab 200 v. Chr. nachbauten und als Patrouillenschiff einsetzten.

230 v. Chr. konfrontierten zwei römische Gesandte, Gaius und Lucius Coruncanius, das illyrische Königshaus mit den Beschwerden und beschuldigten es, die Überfälle auf italische Händler nicht nur zu dulden, sondern sogar zu beauftragen. Teuta, die nach dem Tod ihres Mannes die Herrschaft übernommen hatte, antwortete, dass illyrische Herrscher sich nicht in die Privatgeschäfte ihrer Untertanen mischen würden. Die Antwort hierauf war überaus undiplomatisch, geradezu beleidigend, doch nicht weniger voreilig war Teutas Reaktion: Sie ließ die Gesandten auf dem Rückweg kurzerhand ermorden. Die Kriegserklärung folgte postwendend.

229 v. Chr. begann der Illyrische Krieg. Der Friedensvertrag im Jahr darauf rang Teuta weitreichende Zugeständnisse ab. Sie verlor Teile ihres Territoriums, darunter die Seestädte Apollonia und Epidamnos sowie die Inseln Pharros, Issa und Korkyra, und musste Kriegsentschädigung zahlen. Außerdem wurde angeordnet, dass nie mehr als zwei unbewaffnete illyrische Schiffe über Lissos hinaus zusammen das Adriatische Meer befahren durften. Damit griff Rom weit in das Leben der Illyrer ein. Doch zugleich ergriff Rom jede Gelegenheit, auf seinen so selbstlosen

Einsatz hinzuweisen und Applaus für diese segensreiche Tat einzuheimsen, denn schließlich waren die Illyrer laut Polybios *»jedes Menschen Feind«* (Polybios, Geschichte 2,12,6).

Schon 219 v. Chr. war es mit dem Frieden vorbei. Die illyrischen Seeleute hatten mit 50 Schiffen die vereinbarte Grenze überschritten und die Römer ahndeten diesen Vorstoß sofort. Ein Senatsbeschluss von 187 v. Chr. sorgte dafür, dass in der illyrischen Hafenstadt Ambrakia kein römisches und italisches Schiff mehr Hafenzölle zahlen musste, für die Illyrer ein weiterer empfindlicher Schlag. In den Folgejahren kam es immer wieder zu Zwischenfällen. Mit dem Sieg gegen den letzten illyrischen Herrscher Genthios verschwand 168 v. Chr. unter dem Vorwand der Piratenbekämpfung eine weitere bisher unabhängige Seemacht vom Meer.

Die tatsächliche Beurteilung der Ereignisse ist schwierig. Abermals kennen wir nur die römische Perspektive. Archäologische Forschungen zeigen indes, dass sich das Adriatische Meer ab dem 6. Jh. v. Chr. mit den neu gegründeten griechischen Kolonien von Albanien bis Kroatien, mit etruskischen Handelsorten und einem intensiven Austausch über die ostadriatische Schifffahrtsroute zwischen Albanien, Montenegro, Illyrien und der griechischen und ägäischen Welt zu einem lebhaften Verkehrsraum entwickelte. Rom wehrte sich nicht gegen eine kriminelle Randregion, sondern drang in eine offenbar recht lebendige Wirtschaftszone vor. Dass es in dieser zuweilen zu Konflikten kommen konnte, ist kaum verwunderlich, rechtfertigt jedoch noch längst nicht die erfolgten Interventionen. So ist zu vermuten, dass dem Vorgehen noch andere Motive zugrunde lagen.

Daraus folgt nicht, dass es auf der Adria keine Seeräuber gab. Gerade in Dalmatien war Landwirtschaft kaum möglich. Vielleicht stellte Seeraub eine Alternative oder Ergänzung des Lebensunterhaltes dar und vielleicht wurden tatsächlich, wie von Polybios beschrieben, im staatlichen Auftrag Beutezüge durchgeführt und Küstenstädte überfallen. Doch dies taten andere auch.

Ein schlagendes Argument

Nahezu zeitgleich mit den Auseinandersetzungen in Illyrien endete noch eine weitere Militäraktion gegen Seeräuber, denn zwischenzeitlich waren die Römer gegen Ligurien (181–171 v. Chr.) und Istrien (181–177 v. Chr.) vorgegangen. Der Vorwurf lautete immer gleich: Piraterie. Und auch die Konsequenzen glichen sich: Kampf, Enteignung, Massendeportation, Neuansiedlungen von Römern oder Italikern aus anderen Landesteilen. Der gleiche Vorwurf traf 123 v. Chr. auch die Balearen und die Strafmaßnahmen gingen annähernd mit einem Genozid an der einheimischen Bevölkerung einher. Anschließend folgte die Ansiedlung von rund 4000 in Spanien ansässigen Italikern.

Wie kaum ein anderes Argument rechtfertigte der Vorwurf der Piraterie einen sofortigen militärischen Zugriff und der hierin integrierte Generalverdacht gegen Völker und Ethnien ging mit der Forderung nach kompromissloser Unterwerfung einher. Dabei inszenierte sich Rom als Kraft, die sich im Interesse aller um sichere Handelswege sorgte. Doch tatsächlich schaltete Rom einen potenziellen Gegner nach dem anderen aus. Sardinien, Sizilien, die Ägadischen Inseln und Korsika hatte man sich bereits im Zuge der Auseinandersetzungen mit Karthago einverleibt, nun folgte der Rest. In den Maßnahmen steckte zugleich eine unmissverständliche Ansage an die (noch) nicht-römische Welt: Wer sich nicht unterwarf, lief Gefahr als Pirat gebrandmarkt zu werden.

Für die siegreichen Flottenkommandeure brachten derartige Einsätze hochgeschätzte Kriegsbeuten, mit denen unter anderem die Mannschaften bezahlt wurden. Vor allem aber verbesserten derartige Erfolge die Aussicht auf politische Ämter in Rom und damit die Karrierechancen.

Gefahr aus dem Osten

Aufgrund der militärischen Auseinandersetzung mit Karthago und dessen Bündnis mit dem Makedonenkönig Philipp V. rückte ab dem 2. Jh. v. Chr. der östliche Mittelmeerraum verstärkt ins Blickfeld der Römer. Hier trafen sie auf einen Raum, in dem zahllose Machtkämpfe und Kriege ein enormes Kontingent an flexibel einsetzbaren Kämpfern hervorgebracht hatte. Auch Schiffe standen vor Ort zur Verfügung und mussten nur angefordert werden. Damit wurde Rom, das bisher ja eher vor der Haustüre agiert hatte, nun tatsächlich zum »Global Player«, zumindest was die Mittelmeerwelt anging.

Als Erstes traf es Philipp V. von Makedonien. Der nach erbitterten Kämpfen 197 v. Chr. getroffene Friedensvertrag kostete Philipp seine Flotte, sieben Inseln, sechs einflussreiche Städte und bis auf einen alle Zugänge zum Meer.

Fünf Jahre später geriet Antiochos III., der Herrscher des Seleukidenreichs, ins Visier. Die Seleukiden beherrschten weite Teile Kleinasiens und sorgten mit regelmäßigen Patrouillen im östlichen Mittelmeerraum für »Sicherheit«. 192 v. Chr. kam es zu ersten Auseinandersetzungen. Abermals unterstützt durch Flottenkraft aus Rhodos und Pergamon erklärte Rom den Krieg. Vier Jahre später, 188 v. Chr., diktierten die Römer den Seleukiden einen Friedensvertrag: hohe Reparationszahlungen, große territoriale Einbußen, Verlust der Flotte. Das Reich war ruiniert.

Etwas besser erging es Rhodos. Schon ab dem 4. Jh. v. Chr. bestanden zwischen Rom und Rhodos Beziehungen und fuhren rhodische Schiffe im Auftrag der Römer durch die Ägäis. Doch die Teilnahme an der Hochzeit der seleukidischen Prinzessin Laodike, Beschwerden der Lykier und schließlich die Zurückhaltung der Rhodier angesichts des Dritten Römisch-Makedonischen Krieges (171–168 v. Chr.) sorgten für Verstimmung und ließen Rom an seinem Bündnispartner zweifeln. Rhodos' Handelsvormacht wurde eingeschränkt, die Städte Kariens und Lykiens für frei erklärt, das Protektorat über die Kykladen aufgehoben und das rund 450 km nordwestlich liegende Delos 167 v. Chr. zum Freihafen erklärt. Damit wurde römischen und italischen Kaufleuten im ägäischen Raum ein zweiter Handelsplatz mit preisgünstigeren, da zollfreien, Konditionen angeboten. Die Folgen für Rhodos waren fatal. Die Wirtschaftskraft der Insel sank und die Flotte musste verkleinert werden. Hatte Rhodos im 3. Jh. v. Chr. noch maßgeblich für die Sicherheit auf dem Meer gesorgt und Seeräuber, ob vermeintliche oder tatsächliche, in Schach gehalten, so unterblieben auch hier fortan die seepolizeilichen Patrouillenfahrten.

Nachdem 148 v. Chr. auch noch die bedeutende Handelsmetropole Korinth zerstört worden war, waren alle regionalen Kräfte, die zuvor im östlichen Mittelmeerraum Präsenz gezeigt hatten, aus dem Spiel genommen oder zumindest so geschwächt, dass an Marineschutz kaum mehr zu denken war. Den antiken Autoren zufolge kam es zu einer nahezu explosionsartigen Zunahme der Piraterie. Und dies wohl nicht nur deshalb, weil es keine Ordnungsmächte mehr gab, sondern auch, weil nun unzählige »arbeitslose« Marinesoldaten und Söldner ihr Auskommen suchten.

Die Römer interessierte das vorerst wenig. Der Osten war weit weg und für dessen Sicherheitsprobleme fühlte man sich (noch) nicht zuständig. Somit eröffneten sich den Akteuren vor Ort ungeahnte Möglichkeiten. Sie mussten sich nur verbünden.

Wachstumsmarkt: Menschenhandel

Rom kam diese Entwicklung nicht ungelegen. Überall wurden Arbeitskräfte benötigt– in der Landwirtschaft, im Rohstoffabbau, im Handwerk, in der Bauwirtschaft, ebenso in den Privathaushalten. Sklaven waren das Rückgrat der römischen Wirtschaft und des wachsenden Wohlstands. Ihre Lebensdauer war angesichts der unmenschlichen Arbeitsbedingungen meist gering – vielleicht zehn Jahre in der Landwirtschaft, sechs Jahre in den Bergwerken. Die florierende Wirtschaft brauchte Nachschub. Der Zustrom an Kriegsgefangenen war jedoch rückläufig. So wurde Menschenraub zur neuen »Wachstumsbranche«. Seeräuber versorgten die Römer mit Sklaven und verhinderten überdies den Aufstieg neuer politischer Kräfte in der Region. Den Quellen zufolge häuften sich im 2. Jh. v. Chr. in der Ägäis Überfälle und Verschleppungen.

Delos entwickelte sich zu einem Hauptumschlagplatz für den Menschenhandel, wie Strabon, der hierin zudem eine Hauptursache für die Zunahme der Piraterie sah, eindrücklich schildert: *»Der Export von Sklaven war ein besonders starker Anreiz für dieses Unwesen und er war äußerst gewinnbringend. Sie waren schnell gefangen und nicht weit entfernt war Delos, groß und wohlhabend, mit einem Umschlag von 10 000 Menschen … Die Ursache war, dass die Römer nach der Zerstörung Karthagos und Korinths wohlhabender geworden waren und viel mehr Sklaven benötigten. Die Piraten erkannten das leichte Geschäft, brachten es zur Blüte und operierten gleichzeitig als Entführer als auch als Sklavenhändler«* (Strabon, Geographika 14,5,2).

Den antiken Autoren zufolge sicherten vor allem Seeräuber aus Kilikien den Nachschub. Obwohl erst die Nachfrage diesen Markt stimuliert hatte und man auf die Dienste der Lieferanten durchaus angewiesen war, ließen die antiken Autoren an den Bewohnern der kilikischen Küste kein gutes Haar. Sie avancierten zum Inbegriff des Bösen und die Bezeichnung »Kilikier« zum Synonym für Seeräuber.

Kampf den Piraten

Laut Appian, Plutarch und anderen Autoren nahm die Piraterie gewaltige Ausmaße an und wurde alsbald auch im Westen spürbar. Die übelste Brutstätte, so die Autoren, lag in Kilikien, an der Südküste der Türkei, mit Coracesium, dem heutigen Alanya, als Zentrum. Dort waren angeblich Piratenflotten mit über 1000 Schiffen, offenbar schweren Triremen, und über 10 000 Mann Besatzung stationiert. Die Seeräuber hatten sich professionalisiert und verfügten, laut Plutarch, über eine ausgesuchte Bemannung, beste Bewaffnung und dreisten Übermut. Dabei handelte es sich keinesfalls um arme Schlucker, denn, so Plutarch, *»... jetzt stiegen auch Männer mit Wohlstand und Macht, aus ehrwürdigen Familien und wie sie von sich sagen, höherer Intelligenz, auf Seeräuberschiffe ... mit dem Gefühl, dass ihnen diese Beschäftigung Ruhm und Anerkennung bringen würde«* (Plutarch, Leben des Pompeius 24,3). Hier trieb also weder Not noch Gelegenheitskriminalität Männer auf See und die genannten Motive erinnern an die antiken Helden in Homers Epen. Zu den Ursachen äußert Plutarch nichts. So lässt sich nur vermuten, dass die so eindringlich geschilderte Professionalisierung der Seeräuber auf das Konto dieser Neueinsteiger ging, die womöglich über militärische Erfahrung und organisatorische Führungsqualitäten verfügten und nun die zuvor unabhängig voneinander agierenden Räubergruppen zu neuen Organisationen formten. Obwohl ihre Aktivitäten sich über den gesamten mediterranen Seeraum erstreckten, entfalteten sie keine politischen Ambitionen, sondern offerierten neben Raub und Überfall ein breites Spektrum an »Dienstleistungen«, das sowohl militärische als auch logistische Aufträge umfasste.

So boten sie dem in Spanien agierenden abtrünnigen römischen General Sertorius für seinen Aufstand (82–72 v. Chr.) militärische Unterstützung, vermittelten ihm den Kontakt zu einem anderen römischen Erzfeind, nämlich Mithridates VI., dem König von Pontos, dessen Heeresmacht sie gleichfalls unterstützten und verhandelten mit Spartacus über die Bereitstellung mariner Logistik zum Truppentransport. Wie hatte es so weit kommen können?

Raues Kilikien

Die Bewohner Kilikiens galten als rückständig. In den kargen Bergwelten waren Ackerbau und Viehzucht wenig ertragreich, lohnender war der Fischfang, vielversprechender die Seefahrt. Angesichts der strategisch guten Lage war die Region mehrfach Schauplatz der Machtkämpfe aufstrebender Reiche des Mittleren und Nahen Ostens und wurde hierbei nicht selten zum Spielball. Krieg, Zerstörung und Armut bestimmten über Jahrhunderte den Alltag der Kilikier und führten, wie Appian es beschreibt, dazu, dass die Kilikier, *»da sie ihre Lebensweise und ihre Heimat an den Krieg verloren hatte, Armut und Elend zum Opfer* *gefallen waren, nun zur See statt an Land ernteten«* (Appian, Mithridates 92). Unzugängliche und zerklüftete Küsten boten Soldaten und Seeräubern gute Verstecke und Beobachtungsposten, das raue Hinterland schwer zugängliche Rückzugsmöglichkeiten. Wo das Überleben vom Meer abhing, war man mit seinen Tücken vertraut, gehörte die Seefahrt zum Leben, und wer wiederholt zwischen die Fronten sich bekriegender Großmächte geraten war, hatte gelernt, auch in unübersichtlichen Gemengelagen zu überleben. So unterstützten die Kilikier über Jahrhunderte hinweg die verschiedensten Parteien mit erfahrenen Seeleuten und Kriegern.

Auf Delos, einer Insel der Kykladen im ägäischen Meer, entstand einer der größten Sklavenmärkte, auf dem laut Strabon tausende Menschen täglich den Besitzer wechselten.

Doch nun segelten sie, wie Appian es schildert, *»zuerst in kleinen, dann in großen Schiffen umher, unter dem Kommando von Piratenkapitänen, wie Generäle im Krieg«* (Appian, Mithridates 92). Zug um Zug richteten sie Stützpunkte ein, organisierten Flottenverbände, führten Befehlsstrukturen ein und brachten die wichtigsten Seestraßen unter ihre Kontrolle.

Erste Reaktionen aus Rom

Abgelenkt durch andere Krisenherde, wandte Rom erst gegen Ende des 2. Jh. v. Chr. den Blick erneut nach Osten. Der Prätor Marcus Antonius richtete 103 v. Chr. in Kilikien einen Militärbezirk ein und zog gegen einige Städte an der türkischen Südküste zu Felde. Genaueres ist nicht bekannt, aber Marcus Antonius erzielte einen Triumph und wurde 99 v. Chr. Konsul – der Einsatz hatte sich zumindest für ihn gelohnt.

Um 100 v. Chr. folgte erstmals ein Gesetz – *lex de prouinciis praetoriis*, vielfach auch als *lex de piratis persequendis bezeichnet* –, in dem Rom seinen Bürgern, Freunden und Verbündeten die Sicherheit auf dem Mittelmeer garantierte und eine klare Ansage an die Seeräuber richtete. Die Statthalter der Provinz *Asia* und der angehenden Provinz Kilikien erhielten den Auftrag, gegen die Seeräuber vorzugehen und bestimmte Seewege zu sperren. Die mit Rom verbündeten Monarchen in Zypern, Ägypten, Syrien und im Vorderen Orient wurden mit einem Schreiben aufgefordert, Seeräuber weder zu unterstützen noch zu beherbergen.

Ungeachtet der weiten Verbreitung durch Abschriften blieb diese Initiative jedoch wirkungslos. Das Gesetz, das über Anweisungen nicht hinausging, keine Konsequenzen benannte und keine konkreten Maßnahmen androhte, verpuffte lautlos. Noch ging Rom davon aus, das Problem an die Akteure vor Ort delegieren zu können. Überdies wurde der Kampf gegen die Seeräuber von dem nun noch viel drängenderen Problem der allmählich eskalierenden Auseinandersetzungen mit Mithridates in den Hintergrund gedrängt. Mithridates, der zeitweise weite

Spartacus – reingefallen!

Im Jahr 71 v. Chr. plante Spartacus eine neue spektakuläre Aktion. Der nächste große Sklavenaufstand sollte auf Sizilien stattfinden. Doch zur Verstärkung musste erst noch sein Heer nach Sizilien transportiert werden. Spartacus verhandelte mit kilikischen Piraten. Der Deal war perfekt, die Seeräuber hatten ihre Bezahlung erhalten und dann – ließen sie ihn sitzen. Der Aufstand musste verschoben werden.

Teile Anatoliens und Griechenlands beherrschte, war auf Konfrontationskurs – der Zusammenprall mit Rom war absehbar.

Störfaktor im Osten

Mithridates wurde einer der erbittertsten Gegner Roms. Von 90 v. Chr. bis 63 v. Chr. dauerte der Machtkampf. Mithridates prangerte die Römer als die eigentlichen Aggressoren an, inszenierte sich selbst als Befreier aller von Rom unterdrückten Völker und forderte diese zum Widerstand auf. In der Provinz *Asia* fand er hierfür reichlich Unterstützung. Rom hatte hier die politischen Strukturen zerschlagen. Das eingeführte Abgaben- und Steuerwesen trieb die von sozialen und wirtschaftlichen Spannungen ohnehin belasteten Städte allmählich in den Ruin. Die im Verlauf des Krieges geforderten Strafen und Reparationszahlungen sowie die Einquartierung und Versorgung der ab 85 v. Chr. im Land stationierten römischen Truppen taten ein Übriges. Weite Teile der Bevölkerung gerieten in Armut. Zugleich verschafften gerade die administrativen Maßnahmen Roms »arbeitslosen« Soldaten und Söldnern neue Einkommensquellen: Stadtobere, Regionalfürsten und Händler erteilten ihnen Aufträge, den römischen Verwaltern, Finanzleuten, Pächtern und Zollbeamten die abgepressten Gelder wieder abzujagen.

In diesem Klima von Gewalt, Ungerechtigkeit und Armut fanden Agitatoren wie Mithridates rasch Gehör. Die Aussicht, die bedrückende Herrschaft der Römer abzuschütteln, verschaffte ihm Zulauf. An vielen Orten entlud sich der aufgestaute Hass in Pogromen und Massakern an der ansässigen italischen Bevölkerung, wie sie die antike Welt in der Form noch nie erlebt hatte. So sollen allein 88 v. Chr. bei der sogenannten Vesper von Ephesos 80 000 ansässige Römer und Italiker ermordet worden sein.

Auf See unterstützten Mithridates marine Einsatzkräfte aus Kilikien, ob als Verbündete, Söldner, beauftragte Kaperer oder »freischaffende« Seeräuber lässt sich nicht sagen. Die Römer bezichtigten Mithridates der *»Piraterie zu Wasser und zu Land«* (Appian, Mithridates 62) und seine Mitstreiter allesamt als Seeräuber. Mithridates hingegen sah sich als Opfer. Er warf den Römern vor, die Völker zu versklaven.

Für die in die Kämpfe verwickelte Zivilbevölkerung spielte all dies keine Rolle. Ganz gleich, wem sie in die Hände fielen: Sie verloren ihr Hab und Gut oder wurden sogar verschleppt und am Ende verkauft.

Mehr Einsatz!

In rascher Folge wurde römisches Militär in die Region entsandt. Als Nächstes stürzte sich 89 v. Chr. Lucius Cornelius Sulla in den Kampf. Fünf Jahre später hatte er Mithridates niedergerungen und dieser bat um einen Waffenstillstand. Das Rauben und Plündern ging gleichwohl weiter. Längst hatte sich die Gewalt verselbstständigt und machte selbst vor Heiligtümern und Tempeln nicht halt. Immer mehr Krieger schlossen sich den widerständigen, längst nicht mehr von Mithridates gesteuerten Kampftruppen an. Zu den Kilikiern stießen Zyprer, Kreter, Lykier, Pamphyler, Syrer, Kyrener und andere.

Phaselis (heute Türkei) galt als ein Schlupfloch der Piraten und wurde deshalb schon im Antipiratenkampf des Publius Servilius Vatia um 78 v. Chr. zerstört.

Ein Militäreinsatz gegen die Pontiker und ihre Mitstreiter, angeführt vom Statthalter Lucius Licinius Murena, endete 83 v. Chr. mit einer Niederlage Roms.

Im Jahr 78 v. Chr. trat der Prokonsul Publius Servilius Vatia zu Wasser und zu Land gegen die lokalen Anführer Lykiens und Pamphyliens an. Er zerschlug mehrere Piratenstützpunkte an der lykischen Küste, darunter Phaselis und Olympos, errang den Sieg in einer Seeschlacht, führte einen erfolgreichen Feldzug ins Hinterland und kehrte 74 v. Chr. mit vielen Gefangenen nach Rom zurück. Mit diesem Einsatz hatte Rom erstmals Stärke gezeigt, doch noch war der Widerstand nicht gebrochen. Deshalb wurde 74 v. Chr. Marcus Antonius entsandt. Sein Einsatz erstreckte sich über den gesamten Mittelmeerraum, die Küsten und rund 70 km landeinwärts. Nachdem er zuerst die Küsten Liguriens, Galliens, Spaniens und Siziliens angelaufen hatte, begab er sich nach Kreta, einer weiteren sogenannten Piratenhochburg. Als ihm die Finanzen ausgingen, war er jedoch gezwungen, den Provinzen für den Unterhalt seiner Flotte Geld und Getreide abzupressen. Auch jetzt noch vertrat Rom die Devise, dass der Anti-Piratenkampf nicht zu Roms Lasten gehen sollte. Der Rückhalt für Antonius' Aktion schwand und so musste er 72 v. Chr. im Kampf gegen Kreter und Kilikier eine schwere Niederlage hinnehmen, bei der alle gefangen genommenen Römer hingerichtet wurden.

Damit nicht genug, erklärte Mithridates den Römern erneut den Krieg, während in Spanien bereits ein Aufstand angeführt von dem römischen General Sertorius wütete, der überdies den Seehandelsverkehr zwischen Iberien und Italien blo-

Iulius Caesar – ein großer Fisch

Der junge Iulius Caesar begab sich 78 v. Chr. auf eine Reise nach Rhodos. Seeräuber überfielen das Schiff und nahmen ihn als Geisel. Als Lösegeld forderten sie 20 Talente. Caesar erhöhte die Summe auf 50 – er fand, er sei mehr wert. Nach sechs Wochen traf das Lösegeld ein. In der Zwischenzeit behandelte Caesar seine Bewacher wie Diener, so Plutarch: »Während der 38 Tage, da er sich in der Gewalt der Piraten befand, spielte und turnte er ohne Furcht mit ihnen, als ob nicht er der Gefangene sei. Er verfasste Gedichte und Reden und las sie ihnen vor, und wenn sie ihm keine Bewunderung zollten, schalt er sie unverblümt Barbaren … Oft stieß er lachend Drohungen aus, er werde sie aufknüpfen lassen – und die Kerle hatten ihre Freude daran, hielten sie ihn doch für einen harmlosen, lustigen Patron« (Plutarch, Caesar 2,3). Das Lachen sollte ihnen vergehen. Nachdem er frei war, stellte Caesar eine Truppe zusammen und ging auf die Jagd. Sobald er die Seeräuber erwischt hatte, machte er kurzen Prozess.

ckierte. Außerdem drohte Rom ein Sklavenaufstand unter der Führung des thrakischen Gladiators Spartacus. Rom war an vielen Fronten gefordert und die Seeräuber nutzten laut Cassius Dio diese Gelegenheit weidlich aus: *»Die Beutezüge auf See nahmen dramatisch zu. Denn während die Römer gegen ihre Feinde kämpften, blühte die Piraterie auf. Seeräuber fuhren über das ganze Meer, verbündeten sich zu Gruppen und kamen einander zur Hilfe, wie Verbündete«* (Cassius Dio, Römische Geschichte 36,20,3–4).

Ante portas

Seeräuber »beherrschten« mit mehreren Flottenverbänden das Meer, »kontrollierten« die wichtigsten Handelsrouten, waren überall präsent, wo sich Konflikte abzeichneten, verfügten über professionelle Strukturen und verbreiteten, den antiken Autoren zufolge, zwischen Kilikien und Gibraltar Angst und Schrecken. Aus losen Räuberbanden hatte sich offenbar eine Art maritime Großmacht mit internationalen Verbindungen entwickelt. Das Gefühl der Machtlosigkeit machte sich breit und veranlasste Cicero zur folgenden Einschätzung: *»Wir, deren Vorfahren den König Antiochos und Perseus mit der Flotte besiegt und in allen Seeschlachten die Karthager, die im Seewesen geübtesten und tüchtigsten Leute, überwunden hatten, wir konnten uns nirgends mehr mit den Seeräubern messen ... wir waren da nicht allein nicht mehr im Besitz unserer Provinzen und der Seeküsten Italiens und unserer Häfen und nicht einmal der appischen Straße ...«* (Cicero, De Imperio Cn. Pompei XVIII,55).

Inseln und küstennahe Städte wurden überfallen, der Freihafen in Delos wurde zerstört, Brundisium, Gaeta und der Hafen in Ostia angegriffen und sogar hochrangige Römer wie Iulius Caesar wurden von Seeräubern entführt. Zusammen mit einzelnen Getreidehändlern blockierten sie die Getreidelieferungen und trieben so in Rom die Getreidepreise in die Höhe. Zeitweise kam die Versorgung sogar ganz zum Erliegen. Der Metropole

Gnaeus Pompeis Magnus (106 –48 v. Chr.), Archäologisches Museum Florenz.

drohte eine Hungersnot. Die Seeräuber agierten längst nicht mehr in weiter Ferne – sie standen bereits vor der Tür.

Rom schlägt zurück!

Der Mann der Stunde hieß Gnaeus Pompeius Magnus, 35 Jahre alt, ein talentierter und erfahrener Feldherr, ein kluger Stratege und Taktiker und seit 70 v. Chr. Konsul. Im Rahmen eines neuen Gesetzes erhielt dieser Mann für drei Jahre eine weitreichende Vollmacht, die *Lex Gabinia de bello piratico*, die ihm erlaubte, mit allen, wirklich allen Mitteln zu Land und zu Wasser gegen die Seeräuber vorzugehen. Das Gesetz war im Senat nicht unumstritten. So manche plädierten dafür, *»lieber alles Erdenkliche zu ertragen, als ihm (Pompeius) solche Macht in die Hand zu geben«* (Cassius Dio, Römische Geschichte 36,24,1). In der Tat erhielt Gnaeus Pompeius Magnus eine derartige Machtfülle, dass der Senat im Grunde jegliche Kontrolle über den Staat verlor. Alles lag fortan in der Hand dieses einen Mannes – die militärischen ebenso wie die finanziellen Ressourcen, namentlich die Staatskasse, die Provinzialkassen und die

Silbermünze, ausgegeben um 51 v. Chr., mit der Darstellung eines Siegeszeichens mit Anker und Ruder, davor zwei Männern, einer mit auf dem Rücken gefesselten Händen – vielleicht ein Verweis auf den erfolgreichen Sieg über die Piraten?

Zolleinnahmen. Er verfügte über 500 Schiffe, 20 Legionen, 120 000 Soldaten und 5000 Reiter. Doch als das Entscheidende seines Einsatzes erwies sich nicht die Menge an Mensch, Material und Macht, sondern seine Gesamtstrategie. So richtete er sich schon früh direkt an die Seeräuber und versprach, ihr Leben zu schonen und ihnen Land zu geben für den Neuanfang, wenn sie sich ergäben. Außergewöhnlich war indes auch sein planmäßiges Vorgehen. Er legte ein Raster über den gesamten Mittelmeerraum, das diesen in 13 Sektoren untergliederte. Sein Kommandobereich umfasste die gesamte Küste und 75 km des Landesinneren und damit auch Territorien, die (noch) nicht Teil des römischen Reichs waren. Für jeden Sektor ernannte er einen seiner Legaten als Zuständigen. Die Flotte bestand vor allem aus kleinen, schnellen Schiffen, insbesondere aus Liburnen und Biremen sowie einigen wenigen schweren Kriegsschiffen.

Pompeius fuhr zweigleisig und kombinierte Milde mit Härte. *»Denn er setzte nicht nur ein starkes Aufgebot an Schiffen und Schwerbewaffneten ein … sondern zeigte sich gegen jene, die sich zu friedlichen Abmachungen mit ihm bereitfanden, gleichermaßen menschenfreundlich, sodass er auf diesem Wege gar viele für sich gewann«* (Cassius Dio, Römische Geschichte 36,37,1).

Im Frühjahr 67 v. Chr. ertönte der Startschuss. In allen Sektoren begann gleichzeitig die Jagd. Viele Seeräuber ergaben sich, kaum dass die Aktion begonnen hatte. Pompeius selbst durchkämmte mit 60 Schiffen das Meer und trieb jene, die entkommen waren, in Richtung Osten. Vor Kilikiens Küste folgte die Entscheidungsschlacht. Die Seeräuber kapitulierten. Jene, die sich nicht ergaben, wohl an die 10 000 Männer, wurden öffentlich hingerichtet, darunter viele Anführer; 20 000 Männer wurden gefangen genommen, 400 Schiffe konfisziert und Hunderte zerstört. Rund 120 ehemalige Piratenstützpunkte waren besetzt oder gleichfalls zerstört und die Rückzugsgebiete unterstanden den Römern. Jene Männer, die sich ergeben hatten, wurden begnadigt und erhielten Land für den Neuanfang. Kaum drei Monate nachdem die Mission begonnen hatte, war sie auch schon vorbei. Nur ein paar Unruheherde gab es noch. Pompeius holte sich im Senat die notwendigen Vollmachten und eröffnete den Kampf gegen Mithridates. Diesem blieb schließlich nichts anderes übrig, als nach Pontos zu fliehen. Mit der Eroberung Kretas durch Caecilius Metellus von 68 v. Chr. bis 66 v. Chr. war die letzte Piratenhochburg im östlichen Mittelmeerraum besiegt und das Imperium um eine weitere, durchaus profitable Region reicher.

Als Pompeius nach Rom zurückkehrte, empfing man ihn mit frenetischem Jubel und ehrte ihn mit einem zweitägigen Triumph. Cicero bilanzierte begeistert, dass nun Rom vom Ozean bis zum Schwarzen Meer das Mittelmeer beherrsche *»wie einen sicheren und geschlossenen Hafen«* (Cicero, Über die konsularischen Provinzen 31).

Grandioser Sieg oder grandioser Schachzug?

Den Quellen zufolge hatten Pompeius binnen 88 Tagen eine Gefahr gebannt, die den Mittelmeerraum über Jahrzehnte, wenn nicht gar Jahrhunderte erschüttert hatte. Dabei kamen ihm seine Kontakte ins »Milieu« sicher zugute, denn Pompeius war mit dem Mittelmeer vertraut, hatte dank seiner Feldzüge in Sizilien, Afrika und Spanien durchaus Kontakte zu »Seeräubern«, verfügte über praktische Erfahrungen im Beutekrieg und stammte aus einer Hafenstadt – Ancona –, in der Marineeinsätze gegen istrische und illyrische Seeräuber zum Alltag gehört hatten. Keine Frage, Pompeius Magnus verstand das Geschäft – das der Seefahrt, das des Seekrieges, das des Seeraubs und auch das der großen Politik.

Doch war wirklich eine so große Gefahr von den Seeräubern ausgegangen? Die antiken Quellen liefern hierzu kaum verwertbare Antworten – ihre Schilderungen muten zuweilen übertrieben, dramatisiert oder propagandistisch an und die Grenze zwischen Fakten und Fiktionen, zwischen Tatsachenbericht und Meinungsmache ist kaum erkennbar. Nicht minder verschwommen ist auch der Umgang mit den Begriffen: politische Gegner, deren Verbündete, angeheuerte Söldner, autorisierte Kaperer – aus der Sicht Roms alles Seeräuber. Zwar unterschied auch das römische Recht zwischen Seeräuberei aus Habgier und Raub im Kriegsfall oder im staatlichen Auftrag – für Erstes gab es die Todesstrafe, für Letzteres Anerkennung und Triumph. Doch wenn es ernst wurde, sahen die Schiffe alle gleich aus. Eine Unterscheidung von Piraterie und Kaperei war schlicht kaum möglich und es war einfacher, alle, die per Schiff gegen Rom antraten, der Piraterie zu bezichtigen. Wer sich dem Imperium Romanum unterwarf, gehörte zum »Club der Zivilisierten«, alle übrigen galten als Barbaren, Banditen oder eben als Seeräuber. Wie schon in der griechischen Welt nutzten auch die Römer den Vorwurf der Piraterie, um den Gegner zu stigmatisieren und als Rechtfertigung für ihr energisches Vorgehen.

Freilich traf der Vorwurf der Piraterie nicht nur legitime politische Gegner oder »Unschuldige«. Der wirtschaftliche Niedergang, gepaart mit den zunehmenden Kriegswirren, öffnete auch Kriegsgewinnlern und Kriminellen Tür und Tor. Zweifelsohne hatte ab 90 v. Chr. der gemeinsame Feind überdies Gegner und Widerständler geeint. Die Berichte der antiken Autoren, ihre Schilderungen von Flottengrößen, Signalketten und Befestigungsanlagen vermitteln durchaus den Eindruck einer aufstre-

Menodoros – Mitstreiter, Verräter, Wendehals?

Er war Kilikier, vielleicht auch Grieche, vielleicht sogar Admiral. In jedem Falle wurde Menodoros, genannt Menas, von Gnaeus Pompeius Magnus gefangen genommen und offenbar begnadigt, denn wenig später gehörte er zu dessen Klientel. Nachdem Pompeius 48 v. Chr. ermordet worden war, diente Menodoros dessen Sohn, Sextus Pompeius. Dieser blockierte dank seiner Rückzugsbasis auf Sizilien die Getreidelieferungen nach Rom, eroberte Korsika und Sardinien und galt alsbald selbst als Pirat. Zum Dank für dessen Unterstützung erklärte Sextus Menodoros zum Statthalter von Sardinien und Korsika. Doch dieser traute dem Frieden nicht. Er übergab Octavian die beiden Inseln zusammen mit drei Legionen und 60 Schiffen. Schon in der nächsten Schlacht stand ihm Sextus gegenüber – jener gewann. Bei der nächsten Offensive 36 v. Chr. stand er wieder auf Sextus' Seite. Doch dessen Vertrauen hatte er verspielt. Sextus sandte ihn aus, um die anrückende Flotte des Octavian auszukundschaften. Menodoros lief über zur Gegenseite. Dort kämpfte er unter dem Kommando von Marcus Vipsanius Agrippa, begleitete Octavian nach Illyrien und Pannonien und half dem Kaiser auf den Thron.

Ein Einzelfall? Sicher nicht. Wer in solche Machtkämpfe geriet und selbst kein Interesse an der ausgelobten Spitzenposition hegte, sah zu, wo er blieb. Loyalität konnte, musste sich nicht auszahlen. Wohl dem, der einen guten Riecher hatte.

benden zweiten Gewalt, die, wenngleich ohne eigene politische Ambitionen, den römischen Staat destabilisieren und so im Kern gefährden konnte. Ein solches Szenario bedeutete tatsächlich große Gefahr und ließ einen Einsatz, wie der von Gnaius Pompeius Magnus, als unumgänglich erscheinen, schließlich erhob Rom Anspruch auf ein uneingeschränktes Gewaltmonopol.

Vor diesem Hintergrund waren es vor allem drei Aspekte, die den Erfolg von Pompeius' Aktion beförderten: die unmissverständliche Ansage, die Machtdemonstration, versinnbildlicht durch das imposante Aufgebot an Schiffen und Soldaten, und das überraschend gnädige Ausstiegsangebot. Gerade Letzteres erwies sich als doppelt genialer Schachzug. Einen Großteil der Begnadigten machte Pompeius zu seinen Klienten, die er an strategisch wichtigen Orten ansiedelte. Viele andere blieben in der Region oder wurden in den zerstörten Gebieten der Provinz *Asia* sesshaft. Die Anführer, sofern nicht hingerichtet, machte er zu seinen Beratern und integrierte sie in die römischen Kommandostäbe. So verschaffte er sich einen hochkompetenten und loyalen Beraterstab und verfügte mit den an- und umgesiedelten Begnadigten überdies über ein weit gespanntes Kontaktnetz an ergebenen und zugleich militärisch erfahrenen Seeleuten – alles in allem gleich mehrere kluge Schachzüge.

Durch Pompeius wurde die Vorherrschaft Roms im Mittelmeerraum nunmehr uneingeschränkt akzeptiert. Wie dies die Kilikier, Pamphyler, Kreter und all die anderen angeblichen Seeräuber sahen, ist unbekannt. Von ihnen fehlen textliche Überlieferungen. Die römischen und griechischen Politiker, Philosophen und Geschichtsschreiber waren sich in ihrer Einschätzung indes einig: Man hatte die Piraterie besiegt. Und wer wollte dem widersprechen, denn frei nach dem Motto »wer schreibt, bleibt« bestimmen sie – dank der Quellenlage – bis heute die Meinung.

Um zu einer anderen Einschätzung zu kommen, bräuchte es folglich andere Quellen. Im Rahmen des seit 1997 laufenden archäologischen Projekts »Rough Cilicia« finden seit einigen Jahren großflächige Begehungen statt. Dabei wurden an den in den antiken Berichten genannten Orten tatsächlich Befestigungen entdeckt. Zudem konnte ein dichtes Netz an Signal- und Wachttürmen, Aussichtsplattformen und befestigten Landhäusern und Siedlungen nachgewiesen werden. Orte an der Küste waren zumeist eher klein und etwas versteckt angelegt worden. Aber sprechen derartige Befunde schon für Piraterie – oder vielmehr dafür, dass die Gefahr immer vom Meer herannahte und die Bewohner sich gewappnet hatten?

Kein Ende

Natürlich gab es nach Pompeius weiterhin Seeräuber. Doch diese agierten lokal, eher an den Grenzen des Imperiums und ihre Aktionen fanden nur geringen Niederschlag in der Überlieferung. Der Eindruck, man habe das Seeräuberproblem gelöst, musste gewahrt bleiben. Der Begriff Seeräuber wurde tunlichst vermieden. Doch im Verlauf der römischen Bürgerkriege wurde das Mittelmeer wieder Hauptkriegsschauplatz und der Vorwurf der Piraterie barg abermals Zündstoff.

Ausgerechnet der Sohn des einst so erfolgreichen Piratenjägers Pompeius, Sextus, sollte zum berüchtigten Seeräuber avancieren. Nach der Ermordung seines Vaters 48 v. Chr. hatten sich ihm viele von dessen Gefolgsleuten angeschlossen, darunter einige der einstigen Seeräuber. Von 42 v. Chr. bis 36 v. Chr. blockierte Sextus mit einer beachtlichen Flotte die Getreidezufuhr nach Rom und führte gegen Octavian, den späteren Kaiser Augustus, und Marcus Antonius einen Blockadekrieg. Es herrschte Bürgerkrieg und die Propaganda sorgte für eine klare Rollenverteilung. In dem Spiel um die Macht war Sextus der Seeräuber. Erst als Menodoros, auch genannt Menas, ein gestandener Flottenbefehlshaber bzw. ehemaliger Seeräuber, die Fronten wechselte und sich Octavian anschloss, wendete sich das Blatt gegen den bis dahin so erfolgreichen Sextus. Zum

Dank lud Octavian Menas an seine offizielle Tafel in Rom ein und nahm auch in den Folgejahren mehrfach dessen Ratschläge an. Dies sollte sich bezahlt machen und ihm 31. v. Chr. den entscheidenden Sieg in der Schlacht bei Actium, der letzten großen Seeschlacht der römischen Geschichte, eintragen. Jahre später beschrieb sich Octavian in seinem kaiserlichen Rechenschaftsbericht nicht nur als siegreicher Feldherr, sondern zudem als erfolgreicher Bekämpfer der Piraterie.

»Die größten Herrscher sind ohne Ausnahme jene Männer, die es vermögen, über das Land und das Meer zu herrschen, und denen es gelingt, Völker und Städte unter eine Regierung und Verwaltung zu vereinen« – auch wenn Strabon (Geographika 1,1,16) diesen Satz eher im geografischen Kontext sah, liest er sich fast wie das politische Programm des nach dem Sieg in Actium an die Macht strebenden Ovtavian. Die *Pax Romana,* die von Octavian, nun Kaiser Augustus, ausgerufene neue Zeit des inneren Friedens, umfasste auch das Meer. Das Mittelmeer war von nun an *mare nostrum.* Expansionen und Eroberungen bewegten sich fortan auf dem Landweg voran, Schiffe dienten vor allem dem Truppentransport. Auf dem Mittelmeer sorgte dagegen eine kleine Flotte für Ruhe.

Großmacht dank Seeräubern?

Wie ein roter Faden ziehen sich Seeräuber durch die Geschichte Roms. In der frühen Phase des Machtausbaus auf dem Festland hielten ihnen seefahrende Bundesgenossen, oft genug als Seeräuber verschrien, den Rücken frei und versorgten die Römer im marinen Konfliktfall mit Flotten und Rudermannschaften, später dann mit Sklaven.

Im Zuge der Machtausdehnung ab dem 3. Jh. v. Chr. lieferte der Vorwurf der Piraterie einen willkommenen Vorwand für diverse Angriffskriege, die mit der Unterwerfung und Eroberung der Piraterie bezichtigter Völker endete. Später veranlassten Seeräuber Rom, den Blick nach Osten zu richten. Eine Großkampagne gegen die Piraterie verschaffte der Republik einen Vorgeschmack darauf, wie es sich anfühlen würde, wenn alle Vollmachten in einer Hand lägen und nur ein Mann über das Geschick eines Imperiums bestimmte. Und last, but not least waren es die Ratschläge eines altgedienten Flottenkommandeurs und angeblichen Seeräubers, die Octavian die Entscheidungsschlacht gewinnen ließen und ihn als *princeps* an die Spitze des Römischen Reichs brachten.

Die Angriffe der Seeräuber hatten Aufstieg und Herrschaftsanspruch Roms nicht nur begleitet, sondern stimuliert, befördert, provoziert, herausgefordert und begründet. In Rom sah man dies naturgemäß anders. Cicero formulierte 44 v. Chr. die noch heute gern zitierten Worte von den Piraten als *»hostis humanis generis«*, der Geißel der Menschheit, und als gemeinsamen Feind, *»communis hostis omnium«*, denn, so Cicero, *»ein Seeräuber gehört nicht zu den Kriegsgegnern, sondern ist der gemeinsame Feind aller; mit ihm darf kein Treueverhältnis und kein Eid gemeinsam sein«* (Cicero, Über die Pflichten 3,107). Rom hatte der Menschheit einen Dienst erwiesen, von der Durchsetzung bloßer Machtinteressen konnte wahrlich keine Rede sein. Drei Jahrhunderte später war es mit dem Frieden auf dem Mittelmeer vorbei. Ab 250 n. Chr. kam es vermehrt zu Überfällen. Erst machten Goten, dann Skythen, schließlich Westgoten und Vandalen das Meer unsicher. Im Jahr 455 n. Chr. überfielen die Vandalen Rom. Die Seeräuber kehrten zurück.

Neben dem Mittelmeer rückten in den folgenden Jahrhunderten allerdings andere Gewässer in ihren Fokus: ab dem 8. Jh. n. Chr. der Ärmelkanal sowie Nord- und Ostsee, ab dem 15. Jh. der Atlantische Ozean, ab dem 16. Jh. die westindischen Gewässer und ab dem 17. Jh. der Indische Ozean. Im 18. Jh. neigte sich das Zeitalter der Piraterie dem Ende entgegen und um 1730 waren Seeräuber, von wenigen Ausnahmen abgesehen, von allen Weltmeeren verschwunden.

»Navigare necesse est« – Seefahrt tut not

Als die Blütezeit des römischen Imperiums begann, verfügten die Römer längst über eigene Schiffe. Wegweisende Innovationen sind von ihnen allerdings nicht bekannt. In puncto Form, Bau und Funktion orientierten sie sich an den Schiffen der Griechen, Karthager, Rhodier und Illyrer. Auf Extravaganzen wurde weitgehend verzichtet, ebenso auf eine protzig auftrumpfende Kriegsflotte. Es regierte Zweckmäßigkeit und so fanden als Kriegsschiffe vor allem Dreireiher (Triremen) sowie Vierer, Fünfer und Sechser Verwendung. Hinzu kamen Zweireiher (Biremen) und als Patrouillen- oder auch Depeschenboot der Einreiher mit beidseitig bis zu 25 Ruderern. Daneben gab es eine Fülle von Booten, die gerudert oder gesegelt und für militärische und zivile Zwecke eingesetzt werden konnten.

Hinweise auf große, repräsentativere Schiffe sind dagegen selten. Offenbar waren die wenigen erwähnten Achter, Neuner oder Zehner die größten Flaggschiffe der römischen Staatsflotte. Da war der Kampf ums Mittelmeer im Grunde längst vorbei, denn eine Staatsflotte legte man sich erst in der Kaiserzeit zu. Misenum und Ravenna waren die ersten Flottenstützpunkte, später kamen weitere hinzu. An diesen waren bis zu 10 000 Marinesoldaten stationiert. Die Flotte bestand aus rund 250 Schiffen, meist Triremen, deren Aufgabe es war, die Getreidetransporte zu beschützen und etwaige piratische Übergriffe im Keim zu ersticken.

In der Zeit der Republik hatte man Schiffe erst gebaut, wenn man sie brauchte, oder diese von Bündnispartnern gechartert. Folglich ist kaum zu ermitteln, wie viele Kriegsschiffe im Einsatz waren. Bei den Punischen Kriegen ist von rund 100 Fünfruderern und 20 Dreireihern die Rede. Die hohen Verluste wurden durch 200 Fünfruderer nach rhodischem Bauplan ersetzt. Danach stieg die Zahl der Kriegsschiffe kontinuierlich an. In der Zeit der Bürgerkriege sollen es rund 700 gewesen sein. Doch nach der Machtübernahme durch Augustus wurde abgerüstet. Im Einsatz blieben Liburnen, die schnellen, wendigen Zweireiher nach dem Vorbild der Illyrer, sowie Triremen und wenige Fünfer oder Sechser. Triremen waren im Übrigen bis in das 4. Jh. n. Chr. bei den Römern gebräuchlich.

Eine der wesentlichen kampftechnischen Neuerungen, die auf das Konto der Römer geht, betrifft die Entervorrichtung. So entwickelten die Römer eine angeblich rund 7 m lange und 22 cm breite klappbare Fallbrücke, den sogenannten »Raben«. Der vorne angebrachte kräftige Dorn hielt das gegnerische Schiff fest und über den Klappsteg gingen die Seesoldaten zum Entern über. In der Zeit der Bürgerkriege wurde dieses Prinzip durch eine Art Harpunenbalken ergänzt, der die feindlichen Schiffe mittels Harpune »einfing« und dann am Harpunentau langsam heranzog. Am Ende waren es allerdings Brandsätze, mit denen Octavian die wichtigste Schlacht bei Actium für sich entschied.

Siegessymbole

Nach Beendigung des Kampfes fielen Schiffe, Besatzung und Waffen des Verlierers an den Sieger. Besondere Bedeutung hatten die Rammsporne – sie galten bei den Römern als Siegessymbol. Erstmals 338 v. Chr. wurden nach den siegreichen Kämpfen gegen die letzten freien latinischen Städte die Rammsporne von deren Schiffen abmontiert und weithin sichtbar an der Rednertribüne im Forum Roms als triumphales Siegeszeichen montiert. Später konstruierte man Siegessäulen mit speziellen Haltevorrichtungen für Rammsporne. Siegeszeichen dieser Art fanden sich alsbald überall im öffentlichen Raum.

Wracks von Kriegsschiffen

Wracks von Kriegsschiffen sind selten. Da sie ohne Fracht fahren, besteht meist keine Aussicht auf Erhaltung, denn im Falle eines Frachtschiffs ist es die Ladung, die den Rumpf stabilisiert und dafür sorgt, dass Teile hiervon erhalten bleiben. Insofern ist das 35 m lange und 5 m breite Wrack, das von einem im 3. Jh. v. Chr. vor der Küste Siziliens in der Nähe von Marsala gesunkenen Schiffes stammt und 1969 entdeckt wurde, eine echte Seltenheit. Zum einen handelt es sich offenbar um ein Kriegsschiff. Zum anderen hat es dank lesbarer Aufschrift eine eindeutige Herkunft. Es war ein punisches Schiff – und wurde, das zeigte die weitere Untersuchung, offenbar in großer Eile gebaut. Das Schiff war mit Ausnahme einiger Schüsseln, Tassen, weniger Amphoren und Ballaststeinen weitgehend leer. Dies sowie die ausgesprochen schlanke Form könnten für ein Kriegsschiff sprechen, das während der letzten Schlacht des Ersten Punischen Krieges um 241 v. Chr. unterging.

Macht, Handel und Abhängigkeit

Je weiter die Römer ihren Machtbereich ausdehnten, umso weiter wagten sich auch die Händler vor. Der Markt wuchs und mit ihm die Begehrlich- und Abhängigkeiten. Mit der Notwendigkeit, die Handelsrouten zu sichern, entwickelte der Handel einen zunehmenden Einfluss auf die politischen Entscheidungen der *Res Publica Populi Romani.*

Mag die Landwirtschaft das kulturelle Leitbild gewesen sein, so kam dem Seehandel gerade in der Zeit der ausgehenden Republik und beginnenden Römischen Kaiserzeit eine beträchtliche wirtschaftliche Bedeutung zu. Eingeführt wurden Getreide, Wein, Öl, Sklaven und Luxusgüter. Überschüssiges, insbesondere Wein und Öl, wurde auf außeritalischen Märkten in Gallien oder Spanien verkauft. Rom bezog 70 v. Chr. allein aus Sizilien 6,8 Millionen *modii* Getreide – ein *modius* = 6,5 bis 7 kg. Insgesamt 70 Millionen *modii* betrug der jährliche Getreideimport aus Africa, Sizilien und Nordafrika. Hauptlieferant war Ägypten mit bis zu 140 000 t Getreide pro Jahr.

»Navigare necesse est« – Seefahrt tut not (Plutarch, Leben des Pompeius 50,2), schrie der römische Feldherr Pompeius seine Männer an und forderte sie auf, trotz heftigen Sturms die Segel zu setzen. Man war auf die Getreidelieferungen in Rom schlicht angewiesen und nur die Seefahrt konnte sie in diesem Umfang gewährleisten. Allein die alljährliche staatliche Getreideversorgung für die Bedürftigen in Rom, die *cura annonae*, benötigte zeitweise bis zu 270 000 t und zusammen mit den weiteren Getreideeinfuhren addierte sich dies schätzungsweise zu 420 000 t pro Jahr. Bei den gängigen Frachtgrößen dürfte dies folglich weit über tausend Schiffsladungen entsprochen haben, also vier bis fünf Frachter täglich in den Sommermonaten allein in Rom. Zudem war Getreide nicht der einzige Import. Hinzu kamen Wein, Öl, die berühmte Fischsauce *Garum*, die nur in wenigen Orten hergestellt, aber in großen Mengen konsumiert wurde, sowie Rohstoffe und Luxusartikel. In Pozzuoli, dem Hafen westlich von Neapel, wo die Lieferungen aus Sardinien, Sizilien und Alexandria eintrafen, dürfte demnach immer viel Betrieb geherrscht haben. Und wenn das Getreide schließlich Ostia erreicht hatte, war es ja noch lange nicht in Rom. Ein

Zwei römische Kriegsschiffe mit jeweils zwei Riemenreihen, Reliefblock 1. Jh. v.–1. Jh. n. Chr., Archäologisches Nationalmuseum Neapel.

regelrechter Pendelverkehr kleiner Flussschiffe hatte dann dafür zu sorgen, dass das Getreide sein Ziel erreichte.

Kleine und große Schiffe

Bevorzugtes Handelsschiff war wohl die *Corbita*. Der Name leitet sich von dem Wort Korb ab und bezieht sich auf die rundbauchige Form des Schiffes. Daneben gab es noch eine Fülle weiterer nicht näher bekannter Schiffstypen. Gerade im küstennahen Raum wurde weiterhin mit eher kleinen Schiffen und einem Stauraum von 70 bis 100 t transportiert, wie die Wrackfunde vor der Côte d'Azur zeigen. Von ihrer Fracht konnten noch Feigen, eingelegter Thunfisch, Mandeln und gepökeltes Fleisch nachgewiesen werden.

Auch Wein gehörte weiterhin zu beliebten Handelsgütern. Allerdings erfolgte der Transport nicht mehr in Amphoren, sondern in tönernen Tanks mit einem Fassungsvermögen von bis zu 2500 Litern, die fest im Frachtraum des Schiffes montiert waren und befüllt werden mussten. Auf dem Wrack Grand Ribaud D konnte man immerhin neben 250 herkömmlichen Amphoren auch rund 10–15 solcher *Dolia* nachweisen.

Ein interessanter Fund gelang in Comacchio, im Ferrara Delta. Das 1980 entdeckte Wrack war im 1. Jh. v. Chr. in einem kaum besiedelten Küstenabschnitt untergegangen. Die oberen Aufbauten zerstörte der Wellengang, der Rumpf sank auf den Grund und war in kurzer Zeit völlig von Sand bedeckt. Das Schiff war ursprünglich 21 m lang und der Form nach zu schließen wohl vor allem im näheren Küstenbereich unterwegs. Bemerkenswert ist die Zusammenstellung der Fracht: 102 Bleibarren aus Spanien, Amphoren, 18 Buchsbaumstämme von 1,5 m Länge, Terra Sigillata aus Norditalien und vor allem sechs kleine mit Bleifolie überzogene Votivtempel. Funde einer Waage sowie Bekleidungsstücke, Sandalen und eine passable Kollektion an Bordwerkzeug erlauben Einblick in Ausstattung, Arbeit und Leben an Bord.

Weitere Beispiele für Bleitransport sind aus der Umgebung Sardiniens bekannt, wie zum Beispiel das im 1. Jh. v. Chr.

Taucher inspiziert eine Marmorsäule. Die rund 6 m lange und 18 t schwere Säule gehörte zur Ladung eines bei Camarina (Sizilien, Italien) gesunkenen Schiffes.

unweit der sardischen Westküste bei der Insel Mal di Ventre gesunkene und 1989 entdeckte annähernd 36 m lange Schiff. Es hatte Tausende an Bleibarren geladen, von denen jeder rund 33 kg wog. Wie die Untersuchungen zeigten, stammte auch dieses Blei aus der Minenregion von Cartagena in Spanien. Aufgrund der Stempels lassen sich sogar die Hersteller benennen: Gaius und Marcus Pontilienus, Luciu Carulio Hispalo, Planio Russino und viele andere. Außerdem transportierte der Frachter Mühlsteine aus Basalt, Amphoren, Bronzevasen und Keramik. Die überraschendsten Funde sind vergleichsweise klein: 200 Bleikugeln, wohl Geschosse, und ein Dolch – auch auf diesem Schiff hatte man sich vielleicht vor Überfällen gewappnet.

Riesenschiffe

Die größten Frachter waren Segelschiffe und dienten dem Getreidetransport. Der Beschreibung Lukians von Samosata zufolge konnte ein römischer Getreidefrachter wie die *Isis* von angeblich 54 m Länge, 14 m Breite und 13 m Tiefe *»eine solche Menge Getreide transportieren, dass es auf ein ganzes Jahr für den*

Unterhalt aller Bewohner Atticas ausreichen würde« (Lukian, Das Schiff oder die Wünsche 1531,5). Heutige Schätzungen haben diese Worte in Zahlen übersetzt: 1000 t. Die Angaben mögen übertrieben sein, völlig abwegig sind sie nicht, wie die Wracks von Grand Congloué und Albenga mit 40 und 42 m Länge und La Madrague de Giens zeigen. Trotz unermesslicher Verluste durch Raubgräber und Souvenirjäger konnten in dem schon 1967 entdeckten, aber erst in den 1970er Jahren archäologisch untersuchten Wrack Madrague de Giens noch 7000 Amphoren geborgen werden. Das lässt eine Frachtkapazität von immerhin 400 t vermuten. Noch höher fallen die Schätzungen für das Wrack von Albenga aus. Demnach soll sich hier mit 11 000 bis 13 000 weingefüllten Amphoren sowie Säcken mit Getreide und Haselnüssen das Frachtgewicht auf 500 bis 600 t addiert haben. Solche Tonnagen wurden nach den Römern erst wieder im 16. Jh. erreicht.

Dass man derart große Schiffe durchaus bauen konnte, zeigen auch die 1929 unweit Roms im Kratersee von Nemi entdeckten 70 m langen Prunkschiffe, gebaut unter Kaiser Gaius Caligula. Oder die Fragmente eines wohl 95 m langen und 21 m breiten Wracks, die beim Bau des römischen Flughafens 1950 auf dem Gebiet des ehemaligen alten Hafens von Ostia ans Tageslicht kamen. Mit diesem Schiff hatte Caligula einen Obelisken mitsamt Sockel und einem Gewicht von rund 500 t von Alexandria nach Rom transportieren lassen. Rein technisch war man also in der Lage, riesige Schiffe zu bauen, gängig waren diese Modelle jedoch nicht.

Nur vom Feinsten

Wachsender Beliebtheit erfreuten sich Luxuswaren und Kunstwerke aus der griechischen Welt. Insbesondere Skulpturen aus Marmor und Bronze gelangten auf dem Seeweg zu ihren vermögenden Kunden. Den Umfang dieser Luxustransporte konnten in den letzten Jahren die Entdeckungen der Wracks von Mahdia, Antikythera und vielen anderen erhellen. Allein aus dem Wrack von Antikythera, das seit 2014 weiter untersucht wird, wurden bisher fünf lebensgroße Bronze- und Marmorstatuen sowie zahllose Statuetten geborgen, die mit dem Schiff um 70 v. Chr. gesunken waren. Die bekannteste Skulptur ist der Jüngling von Antikythera aus dem 4. Jh. v. Chr. und damit also nicht nur ein Kunstwerk, sondern überdies eine echte Antiquität. Demgegenüber handelte es sich bei den Marmorwerken um Neuanfertigungen. Der Fracht nach zu urteilen, hatte die Reise in Pergamon oder Ephesos begonnen. In Delos hatte man Station gemacht und dort die Skulpturen eingeladen. Von dort war man in Richtung Italien aufgebrochen, jedoch nicht weit gekommen.

Eine besondere Entdeckung gelang den Wissenschaftlern in Spargi. Das Schiff war gegen Ende des 2. Jhs. v. Chr. gekentert, 1957 entdeckt und in mehreren Kampagnen bis 1976 archäologisch untersucht worden. Ungeachtet schwerer Verluste durch Raubgräber und Schatzsucher hatte das Wrack mit Möbeln, Kerzenleuchtern und Schmuck eine Fracht an Bord, die bei der römischen Hautevolee der späten Republik hoch im Kurs stand und wahrscheinlich auf den Kunst- und Antiquitätenmärkten im griechischen Raum eingekauft worden war. Dem gefundenen Helm und den mitgeführten Angriffswaffen zufolge war man sich der Kostbarkeit der Fracht wohl bewusst gewesen. Ob der Untergang auf ein Unglück oder einen Überfall zurückzuführen ist, liegt allerdings im Dunkeln.

Auch monumentale Denkmäler, wie zum Beispiel ägyptische Obelisken, oder Architekturelemente und Baustoffe wurden in großem Stile über das Meer transportiert. Besonders beliebt war Marmor. Der um 100 v. Chr. gesunkene Frachter, dessen Wrack bei Mahdia gefunden wurde, enthielt neben Skulpturen rund 70 Säulen aus tunesischem Marmor; die beiden Wracks von Torre Sgaratta und Punta Scifo – die Schiffe waren im 3. Jh. n. Chr. gesunken – hatten gleichfalls Marmor an Bord. Die 350 t schwere Ladung des Frachters von Punta Scifo bestand aus mehreren unbearbeiteten Marmorblöcken mit einem Einzelgewicht von 22 t Gewicht.

Dagegen hatte das Wrack von Kizilburun vor allem marmorne Halbfertigteile an Bord, darunter Blöcke für dorische Säulen, vorgeschnittene undekorierte Grabsteine sowie Becken und Sockel. Die »Marmorfrachter« waren zwar keine Spezialschiffe und auch nicht größer als andere, doch mit Planken von bis zu einer Stärke von 8,5 cm waren sie eindeutig stabiler gebaut als übliche Handelsfrachter.

Nachfrage nach Exotik

Dank der wachsenden Ausdehnung des römischen Reichs machten die Römer zunehmende Bekanntschaft mit ungewöhnlichen Gewürzen. Die Nachfrage stieg und führte zu einer Ausweitung des Handelsnetzes bis nach Indien und damit in jenes Land, das seit den Griechen als das östlichste der bewohnten Welt galt und dem unermesslicher Goldreichtum zugeschrieben wurde. Die Handelswege verliefen über See und Land und der ptolemäische Hafen Myos Hormos am Roten Meer war Ausgangspunkt aller Indienfahrer.

Neben Pfeffer galt das Interesse Zimt und Ingwer sowie Narde und Königswurz für Salben und Arzneien. Ebenso begehrt waren Edelsteine, Perlen, Elfenbein, Parfüm, Baumwolle, Schildkrötenpanzer und chinesische Seide, die von chinesischen Händlern nach Indien geliefert und dort in die Hände der Römer gelangte. Bezahlt wurden die Kostbarkeiten mit Wein, Olivenöl und Rohstoffen wie Kupfer, Zinn, Blei oder Glas. Die Gewinnspannen waren offenbar gigantisch und auch der römische Staat profitierte davon und erhob Zölle: 25 % bei der Einfuhr in Ägypten, 25 % bei der Ausfuhr aus Ägypten. Ein sicheres Geschäft! Dennoch nahm der Handel so stark zu, dass der Geograf Strabon (63 v.–23 n. Chr.) schrieb: *»Als Aelius Gallus Statthalter von Ägypten war und ich ... in seiner Gesellschaft bis Syene und zu den Grenzen Äthiopiens reiste, erfuhren wir, dass wohl 120 Schiffe von Myos Hormos nach Indien fuhren, während vorher unter den ptolemäischen Königen nur wenige dorthin zu schiffen und die indischen Waren einzuführen den Mut gehabt hätten«* (Strabon, Geographika 2,5,12).

Seereisen und Tourismus

Zu den tatsächlichen Neuerungen gehörten die Passagierschiffe. Zwar waren auch zuvor schon Passagiere mitgefahren, meist Kaufleute und ihre Helfer, und auch die Truppen transportierte man per Schiff. Doch nun verlangten vermehrt Reisende nach einer Schiffspassage. Der Komfort der Unterbringung hielt sich in engen Grenzen und die Mitreisenden mussten sich irgendwo an Deck aufhalten oder als Ballast im Frachtraum. Dennoch machten sich die Römer auf die Reise, um griechische Städte und Heiligtümer mit eigenen Augen zu sehen oder berühmte Ärzte zu besuchen. Einen Hinweis auf die Passagierzahlen liefert die Schilderung der Seereise des Apostel Paulus von Rom nach Malta: *»Da wurden sie alle guten Muts und nahmen auch Speise. Unser waren aber alle zusammen im Schiff zweihundert und sechsundsiebzig Seelen«* (Apostelgeschichte 27,37). Im Bericht einer anderen Reise ist sogar von 600 Passagieren die Rede.

Im 3. Jh. n. Chr. waren offenbar schon recht bequeme und luxuriöse Seereisen möglich, wie das bei Ognina bei Syrakus entdeckte Wrack eindrücklich belegt. Hier wandelte der Reisende zwischen Säulen, in stilvoll dekorierten Räumen und auf geschmackvollen Mosaikfußböden.

Viele verdienen mit

Der Seehandel lag nicht in den Händen des Staates, sondern oblag vom Schiffbau über die Finanzierung bis zur Lieferung freien Unternehmern – also Finanziers, meist Senatoren sowie Reedern und Kaufleuten. Der Staat war wie im Falle der Getreidetransporte zwar Auftraggeber und Abnehmer. Er unterhielt aber keine Handelsflotte und verfügte nicht einmal über Lager oder Speicher, sondern nur über Beamte, die die ordnungsgemäße Auftragsvergabe und Lieferung überprüften. Alles Weitere erledigten private Unternehmer. Diese waren oftmals in Gesellschaften organisiert, die dazu beitragen sollten, das Risiko des Einzelnen zu minimieren. Zugleich boten sie, je nach Unternehmenszweck, Bürgern die Möglichkeit, sich über Anteilsscheine und kleine Summen an großen Geschäften zu beteiligen. Die Gesellschaften übernahmen administrative Aufgaben, wie zum Beispiel die Erhebung der Hafenzölle, sorgten aber auch mit eigenen Schiffen, Besatzungen und Personal für die Heeresversorgung.

Senatoren waren dank ihrer wirtschaftlichen und politischen Möglichkeiten eine treibende Kraft im Seehandel. Doch ab 218 v. Chr. schränkte ein neues Gesetz ihre Handlungsmöglichkeiten erheblich ein. Demnach durfte kein Senator mehr ein Schiff besitzen, das mehr als 300 Amphoren fassen konnte. Das Streben nach Gewinn vertrage sich nicht mit dem Amt – so die Begründung. Zwar steckte in dieser Verordnung durchaus Kritik am hemmungslosen Gewinnstreben, aber sie war kein Verbot und eigene Schiffe waren nicht die einzige Möglichkeit, um ins Geschäft zu kommen. Es gab Alternativen.

Die lukrativste und zugleich risikoreichste Alternative war das hochverzinste Seedarlehen für Schiff und Ware. Im Falle eines Unglücks war das Geld verloren, ansonsten winkten große Gewinne. Zweites Geschäftsfeld war die Herstellung von Amphoren – als wichtigstes Transportgefäß wurden diese immer und in hoher Zahl gebraucht. Drittens ließen sich Mittelsmänner, meist Freigelassene, mit der Wahrnehmung von Handelsinteressen beauftragen und gründeten entsprechende Niederlassungen in Delos, Ephesos oder andernorts. Viertens konnte man Lagerhallen und Speichergebäude bauen, die man an die Verwaltungen vermietete, schließlich mussten Jahr für Jahr gigantische Mengen Getreide gelagert werden. Und fünftens konnte man mittels Kapitalinvestment vom Seehandel profitieren, indem man entsprechende Anteile auf Geschäfte erwarb und dann prozentual am Gewinn beteiligt wurde. Auch dies war nicht nur für Senatoren, sondern auch für Kleinanleger eine interessante Geldquelle und verschaffte privaten Unternehmern eine gewisse Kapitaldecke für Investitionen. Denn noch immer war Seehandel mit Gefahr und Risiko verbunden – dem man mit Beistand der Götter zuweilen durchaus trotzen konnte, wie die Grabinschrift eines Seehändlers des 1. Jhs. v. Chr. erahnen lässt: »*Oft habe ich das große Meer auf segelbeflügelten Schiffen befahren; wie viele Länder habe ich heimgesucht, doch dies ist das Endziel … hier brauche ich mich nicht zu sorgen um den Stand der Sterne, um Wolken und raue See … Gütiges Geschick, hochheilige Gottheit, Dank sei Dir; dreimal hast du mich aufgerichtet, als ich daniederlag, weil mein Glück mich im Stich ließ …« (CIL IX 60).*

Dieser Kaufmann konnte also von Glück sagen. Er hatte mehr oder minder unbeschadet immer wieder seinen Heimathafen erreicht. Vielen anderen erging es schlechter und sie blieben auf See. Das Mittelmeer war und blieb gefährlich – mit und ohne Piraten.

Forschen unter Wasser

Mittlerweile sind im Mittelmeer mehr als 1500 Schiffswracks bekannt. Die wenigstens sind allerdings erforscht. Rund 75 % sind zeitlich als römisch einzuordnen, im Westen ist ihr Anteil höher als im Osten. Die Mehrzahl wurde in Küstennähe entdeckt, ein Befund, der nicht grundsätzlich überrascht, orientierte sich die antike Schifffahrt, wo immer es ging, an den Küsten – in Küstennähe dürfte es also ein vergleichsweise hohes Schiffsaufkommen gegeben haben. Doch gerade hier bestand durch Fallwinde, Strömungen und Untiefen ein erhebliches Unglücksrisiko. In der Mehrzahl der bekannten Wracks ist die Unglücksursache jedoch unbekannt.

Zu berücksichtigen sind jedoch auch methodische Ursachen. Die Gefahr, auf hoher See zu havarieren, war ungleich grö-

Weder Astronaut noch Roboter, sondern ein Taucher in einem Exosuit. Dieser Spezialanzug funktioniert wie ein Einmann-U-Boot, erlaubt Tauchgänge bis zu 300 m Tiefe und eine Aufenthaltsdauer von theoretisch bis zu 50 Stunden. Der Druck im Innern entspricht dem an der Oberfläche, sodass die Dekompression entfällt. Für die Unterwasserarchäologie wird der Exosuit allerdings vorerst Zukunftsmusik bleiben, denn die Kosten für Anschaffung und Einsatz gehen in die Millionen.

ßer als in Küstennähe und so rechnen Forscher mit einer hohen Zahl an Funden in größeren Meerestiefen. Je tiefer die Wracks liegen, umso unwahrscheinlicher war bisher ihre Entdeckung. Dieses Problem könnte sich nun bald erledigt haben. Schon jetzt experimentieren Unterwasserarchäologen mit sogenannten *autonomous underwater vehicles* und *remotely operated vehicles*, kurz AUV und ROV. Diese roboterartigen Fahrzeuge scannen den Meeresboden zentimetergenau ab und sind somit in der Lage, in vergleichsweise kurzer Zeit weite Flächen in großer Tiefe zu sondieren. Zumindest um die Wracks zu finden, muss der Mensch dann nicht mehr ins Wasser. Das Ausgraben selbst bleibt ihm indes nicht erspart. Doch gibt es mittlerweile technische Neuerungen, die die Arbeit unter Wasser erheblich erleichtern. Die entscheidendste Entwicklung hierfür liegt schon etwas zurück: die Erfindung der Aqualunge durch Jacques-Yves Cousteau und Émile Gagnan 1945. Im Unterschied zu früheren Entwicklungen konnten sich Taucher fortan ungehindert unter Wasser bewegen. Kein Luftschlauch verband sie mehr mit dem Schiff und begrenzte ihren Aktionsradius. Die Tauchzeiten waren jedoch kurz, 20 Minuten inklusive Ab- und Auftauchen betrug die maximale Zeit bei nur zwei Tauchgängen pro Tag. Bei der Ausgrabung des Schiffswracks von Grand Congloué 1952 wurde diese Technik erstmals eingesetzt.

Glichen die Untersuchungen der ersten Tage eher einer Schatzsuche, so gelten heute für unterwasserarchäologische Untersuchungen die gleichen methodischen Anforderungen wie an Land. Ausgrabungsstellen werden sondiert, vermessen, fotografiert, freigelegt und jeder Schritt sorgfältig dokumentiert. Trotz technischer Hilfsmittel ist der Aufwand ungleich größer als bei Landgrabungen. So findet Unterwasserarchäologie heutzutage die längste Zeit über Wasser statt. Ein einstündiger Tauchgang erfordert rund drei Stunden Vor- und Nachbereitung. Nach wie vor ist die Zahl der Tauchgänge ebenso wie deren Dauer beschränkt und auch die Ruhezeiten sind weiter-

Aus 230 Scans zusammengesetztes Bild der Fundstelle Mazotos (Zypern) vor Beginn der Ausgrabung.

hin unabdingbar. Damit stellen Ausgrabungen unter Wasser höchste Anforderungen an die Belastbarkeit und körperliche Fitness der Wissenschaftler. Doch der Aufwand ist gerechtfertigt. Ohne die Erkenntnisse der Unterwasserarchäologie wäre unser Bild der antiken Seefahrt um viele Facetten ärmer und Aspekte wie Handelskontakte und Warenverkehr lägen weitestgehend im Dunkeln.

5469

Wieder da! – Piraterie heute

Vor einigen Jahren kehrte ein Verbrechertyp auf die Bühne zurück, den man seit Langem überwunden glaubte: der Pirat. So standen im Jahr 2012, also mehr als 600 Jahre nach der Verurteilung Klaus Störtebekers, im Hamburger Landgericht wieder Piraten vor Gericht. Zehn Somalier, darunter zwei Jugendliche, waren angeklagt, im April 2010 den deutschen Frachter *Taipan* 530 Seemeilen östlich des Horns von Afrika überfallen und in ihre Gewalt gebracht zu haben. Nach 105 Verhandlungstagen wurden die Angeklagten zu mehrjährigen Haftstrafen verurteilt. Zwar blieb das Gericht unter dem geforderten Strafmaß und berücksichtigte die schwierigen Lebensumstände der Angeklagten, gleichwohl befand es, dass *»auch wer in Anarchie lebt, zwischen Recht und Unrecht unterscheiden muss«*.

So außergewöhnlich dieser Prozess auch war, einen Einzelfall betraf er nicht. Seit 1984 wurden offiziell 5000 Überfälle auf Handelsschiffe registriert. Die Dunkelziffer dürfte weitaus höher liegen. Allein 2010 wurden 445 Übergriffe aktenkundig, dabei wurden mehr als 50 Handelsschiffe tatsächlich entführt und 1200 Seeleute als Geiseln genommen. Vor Somalia und am Golf von Aden ereigneten sich 192 Attacken, auf indonesische Gewässer entfielen 40, 23 wurden vor Bangladesch, 19 vor Nigeria verübt.

Die Fregatte Köln kontrolliert vor der somalischen Küste ein verdächtig wirkendes Schiff. Auch Deutschland beteiligt sich mit marinen Einsatzkräften an der seit 2008 laufenden Operation Atalanta.

Gerade deutsche Handelsschiffe sind mit rund 15 % vergleichsweise häufiges Ziel von Piratenattacken. Die Ursachen hierfür liegen auf der Hand: Ein Großteil des deutschen Handels erfolgt über die Weltmeere, 2010 wurde ein Viertel des Außenhandels, also Waren im Wert von rund 400 Milliarden Euro über eigene Seehäfen verladen. Obschon die deutsche Handelsflotte von 2013 bis 2014 leicht schrumpfte, ist sie mit rund 3300 Handelsschiffen, davon 363 unter deutscher Flagge, die viertgrößte der Welt. Viele ihrer Schiffe sind jedoch auf der stark befahrenen Strecke zwischen Indien und Ostafrika unterwegs. Gerade dort hat sich in den letzten Jahrzehnten die Piraterie zu einem regelrechten Erwerbszweig entwickelt.

Zu den gefährlichsten Meeresgebieten gehören die Gewässer vor Somalia. Auf sie entfallen fast ein Drittel der Überfälle. Weitere Gefahrenzonen liegen vor der Westküste Afrikas, insbesondere vor Nigeria, Togo und Benin sowie in der Straße von Malakka zwischen Malaysia und Sumatra sowie im südchinesischen Meer, vor Indien und Bangladesch und in der Karibik.

Durch die Straße von Malakka verläuft der gesamte Seehandel zwischen Asien und Europa, nahezu 40 % des Welthandels. Täglich passieren bis zu 2000 Schiffe die an manchen Stellen nur 3 km breite, aber 800 km lange Meerenge. Sie ist die am stärksten befahrene und zugleich berüchtigtste Wasserstraße der Welt. Durch das gemeinsame Vorgehen der Anrainerstaaten Malaysia und Indonesien konnte die Piraterie in den letzten Jahren allerdings deutlich reduziert werden.

Ein ähnliches Nadelöhr stellt der Suezkanal dar. Gefährlich ist vor allem der Weg dorthin, also der Golf von Aden mit rund 200 000 Schiffspassagen jährlich und die 27 km breite Straße von Bab al-Mandab, das Tor der Tränen. Täglich werden durch diese Gefahrenzone zwischen Eritrea, Dschibuti und Jemen, die den Golf von Aden mit dem Roten Meer verbindet, an die 3 Millionen Barrel Öl transportiert. Wahre Schätze schwimmen dort an den ärmsten und politisch zerrüttetsten Küstenstaaten der Welt vorbei.

Die Ursachen für die Entstehung heutiger Piraterie sind ähnlich. Zunächst rufen Krieg, Umweltzerstörung oder andere wirtschaftliche Schieflagen und hierdurch zerstörte Lebens- und Existenzgrundlagen Gelegenheitspiraten auf den Plan. Ihr Motiv: die schiere Not.

Wird die politische Stabilität nicht wiedererlangt, übernehmen lokale Anführer, Warlords oder andere Kräfte das Regiment, unterstützt von bewaffneten Milizen oder Gangs. Wo es nicht gelingt, die Wirtschaft auf die Beine zu bringen und neue Einkommensquellen zu erschließen, kommt Armut und Perspektivlosigkeit hinzu.

Vor einem solchen Hintergrund avancieren die Gelegenheitskriminellen zu Vollprofis, die bei hinreichend attraktiver »Beute« mit ihren Banden oder Gangs in hierarchisch aufgebaute Organisationen eingebunden werden und fortan im Auftrag gut vernetzter Hintermänner arbeiten. Diese erteilen ihnen die Anweisungen und liefern die Ausrüstung. Aus zeitlich befristeter Subsistenzpiraterie – einer Notlösung – wird eine Spielart der organisierten Kriminalität. Das Motiv der Bandenmitglieder ist vielleicht weiterhin Armut und Perspektivlosigkeit, das der Hintermänner dagegen Habgier und Machtstreben.

Als Hauptursachen für Piraterie gelten der Wegfall verbindlicher politischer Strukturen und das Fehlen eines staatlichen Gewaltmonopols. Somalia ist derzeit das erschütterndste Beispiel für einen solcherart gescheiterten Staat. Immer wieder wurden Vermutungen geäußert, dass hinter den somalischen Piraten Geschäftsleute aus den Anrainerstaaten stecken könnten. Jedenfalls erweist sich Piraterie als ein höchst einträgliches Geschäft, von dem auch die lokalen Warlords und ihre Anhänger profitieren und das nicht unwesentlich zur Finanzierung des Bürgerkrieges beiträgt. Ähnlich desolat gestaltet sich die Lage in den westafrikanischen Staaten mit einer gleichfalls durch politische Instabilität geschwächten Sicherheitslage in Tateinheit mit Korruption, Massenarbeitslosigkeit oder massiver Umweltzerstörung durch die Ölförderung wie zum Beispiel in Nigeria.

Doch nicht nur die politische Lage, auch die Piraten selbst haben sich verändert. In den 1980er- und 1990er-Jahren bestimmten eher *maritime muggins* das Bild, also Gelegenheitspiraten mit geringer Bewaffnung, die nach dem Motto *Hit-Rob-Run* sich schon mit Farbtöpfen, Tampen, Schwimmwesten und Funkgeräten zufriedengaben oder, wenn es doch eine Nummer größer sein sollte, es auf die Bordkasse abgesehen hatten. Hinzugekommen sind seitdem paramilitärisch ausgebildete, mit Speedbooten operierende, hoch bewaffnete und professionell organisierte Gangs, die mit großer Brutalität und Skrupellosigkeit ganze Schiffe in ihre Gewalt bringen. In den letzten Jahren haben diese ihren Aktionsradius erweitert und agieren von schwimmenden Basisstationen aus, meist als Fischerboot, Handelsschiff oder traditionelles Küstenschiff getarnt, die sich relativ nah an die anzugreifenden Schiffe annähern, ohne Verdacht zu erregen.

Auch diesen Piraten geht es durchaus um Beute. Lukrativer sind stattdessen Lösegelder für die Freilassung von Schiff, Fracht und Besatzung. Auch für die Reeder erweist sich dies meist als die günstigere Lösung. So hatte allein die Fracht des unter liberianischer Flagge fahrenden und 2008 entführten Rohöltankers *Sirius Star* einen Wert von 80 Millionen Dollar, das Schiff selbst lag bei 150 Millionen und an Bord waren 25 Mann Besatzung. Nach zähen Verhandlungen einigte man sich auf ein Lösegeld von 3 Millionen Dollar. Noch 2005 war ein vergleichbarer Tanker für 150 000 Euro freigekommen, 2011 betrug das Lösegeld für den Supertanker *Irene SL* dagegen 13,5 Millionen Dollar.

Die Seeräuber selbst sehen von den immensen Summen nur einen Bruchteil. Sie sind die Handlanger – wirklich abgesahnt wird woanders. Doch in Ländern wie Somalia, wo das Jahresbruttoeinkommen pro Kopf kaum 300 Dollar beträgt, ist auch ein Bruchteil ein lukrativer Anreiz. Bestärkt wird die dramatische Entwicklung überdies durch die diffuse Rechtslage. Rund 97 % selbst jener Piraten, die auf frischer Tat ertappt wurden – und dies ist die Voraussetzung, um überhaupt eine Anklage erheben zu können –, werden nach kurzer Zeit auf freien Fuß gesetzt. Grund hierfür ist die Gesetzeslage und die unklare Zuständigkeit. Ein klassischer Fall: Das Schiff ist in Panama gemeldet, in Deutschland versichert, die Besatzung stammt von den Philippinen, die Fracht kommt aus Japan und auf hoher See, also außerhalb der Zuständigkeit nationaler Gerichtsbarkeit, fällt es in die Gewalt indonesischer Piraten. Wer ist also für die Strafverfolgung zuständig?

Die eigentlichen Nutznießer dieser Situation sind die Versicherer, denn obschon das Risiko, tatsächlich Opfer eines Piratenüberfalls zu werden, gering ist, sind die Versicherungssummen deutlich gestiegen und können je nach Fracht bis zu 300 000 Euro betragen. Doch auch die Eigner und Reeder haben reagiert. Große Umwege werden in Kauf genommen und die besonders gefährlichen Gebiete mit der Route über das Kap der Guten Hoffnung umgangen. Überdies wurden die Schiffe aufgerüstet und mit Wasser- und Schallkanonen, Hochspannungszäunen und speziellen Schutzräumen ausgestattet. Zum Schutz begleiten private Schutztruppen, zuweilen sogar Söldner- und Soldateneinheiten die Transporte.

In den Gewässern selbst wurden Schutzmaßnahmen ergriffen und in besonders gefährlichen Regionen speziell überwachte Sicherheitskorridore eingerichtet. In diesen »patrouillieren« Kriegsschiffe und Hubschrauber und wie in der Antike und der Zeit der Hanse wird wieder im Konvoi gefahren.

Auch auf internationaler Ebene ist man tätig geworden, schließlich ist die Sicherheit der Meere von allgemeinem Interesse. Internationalen Marineoperationen, wie *Enduring Freedom* (seit 2001) und *Atalanta* (seit 2008) sichern den zivilen Schifffahrtsverkehr auf den wichtigsten Welthandelsrouten, bekämpfen die Piraterie oder schützen, wie die Mission *Atalanta*, die Lieferungen des Welternährungsprogramms. Das Operationsgebiet erstreckt sich von Somalia bis zu den Seychellen, also über eine Fläche von rund 5 Millionen Quadratkilometern. Obschon eine lückenlose Kontrolle in einem Gebiet, zehnmal größer als die Bundesrepublik, nicht möglich ist, gingen die Piratenattacken zahlenmäßig stark zurück. Die Ursachen sind geblieben. Solange sich an den verheerenden politischen und wirtschaftlichen Bedingungen in diesen Regionen nichts ändert, wird es deshalb auch weiterhin zu Übergriffen und Entführungen kommen. Damit sind im 21. Jh. wieder schlechtes Wetter und Seeräuber die schlimmsten Feinde und größten Gefahren der Seefahrt.

Neue Formen der Piraterie

Längst haben die Piraten das Meer verlassen und treiben nun in gänzlich anderen Räumen und Kontexten ihr Unwesen. Die Rede ist von Diebstahl, Nachahmung und Fälschung geistigen Eigentums – kurz: Ideenklau, oder wie es offizieller heißt, Marken-, Produkt- und Internetpiraterie.

Das Tommy-Hilfiger-Shirt, der Egg Chair, die Dolce&Gabbana-Handtasche, Chanel No. 5 oder die Rolex – es gibt kaum ein Luxusprodukt, das nicht schon einmal kopiert und als Plagiat verkauft worden wäre. Neben Luxusartikeln sind allerdings auch Erfindungen und Entwicklungen in der Industrie, der Kommunikation und der Kultur betroffen. Dank Inkrafttreten des sogenannten »Produktpirateriegesetzes« 1990 werden in die Europäische Union gelieferte Warensendungen kontrolliert. Einem Bericht der Europäischen Kommission zufolge wurden, obwohl nur 5 % aller Warenlieferungen wirklich kontrolliert werden, an den europäischen Außengrenzen 2007 rund 79 Millionen Artikel nachgeahmter bzw. gefälschter Waren sichergestellt. Davon entfielen 23 % auf Kosmetik und Körperpflege, 64 % auf Bekleidung, 7 % auf Lebensmittel und Getränke und 6 % auf sonstige Produkte, also Arzneimittel, Spielzeug usw. Im Industriebereich ist vor allem der Maschinenbau betroffen, insbesondere Holzbearbeitungs-, Textil- und Landtechnik, aber auch Energie- und Computertechnik. Dabei sind deutsche Unternehmer alles andere als nur Opfer. Deutschland liegt als Hersteller von Plagiaten mit 23 % gleich auf Platz 2 hinter China. Im Gegensatz zu den Billigimitaten aus Fernost entstehen hierzulande High-Tech-Plagiate.

Dank gesparter Lohn-, Entwicklungs- und Werbekosten sind Plagiate sehr viel preiswerter als das Original. Meist lässt allerdings die Qualität zu wünschen übrig. Doch die Kunden beeindruckt das wenig: Was zählt, ist der Preis. Welchen volkswirtschaftlichen Schaden Produktpiraterie verursacht, lässt sich kaum beziffern. Die Zahlen variieren zwischen 200 und 600 Milliarden Dollar weltweit. Bezogen allein auf Konsumgüter wird der Verlust für Europa auf 35 Milliarden Euro geschätzt, auch der deutsche Maschinen- und Anlagenbau veranschlagt seinen Schaden in Milliardenhöhe.

Die Seeräuber von früher lebten von und mit der Politik, Produktpiraten leben von und mit ihren Kunden. Laut einer Studie zu Konsumgütern kauft jeder vierte Westeuropäer wissentlich Plagiate, in der Altersgruppe der unter 35-Jährigen liegt der Anteil sogar bei 39 %. Hauptanreiz ist der Preis und die so gemachten Schnäppchen gelten überdies als cool. Für wenig Geld erwirbt man die Wirkung und das Prestige des Originals und der Besitz einer Fälschung oder einer Kopie ist durchaus gesellschaftsfähig, gilt nicht als Verbrechen, nicht einmal als Kavaliersdelikt.

Damit genießen die Produktpiraten den Ruf, den einst die homerischen Helden hatten. Wer nicht betroffen war von deren Raubzügen, erfreute sich an ihren Heldentaten, bestaunte ihren Reichtum und freute sich über deren »Geschenke«. Der Schaden lag in weiter Ferne und interessierte in der Sphäre der Nutznießer niemanden. Erst als die Gefahr die eigenen Interessen betraf, bröckelte das Image der antiken Helden und man sah sie als das, was sie wirklich waren – als Kriminelle! Vielleicht droht den Produktpiraten und ihren Kunden irgendwann ein ähnliches Schicksal. Der »Plagiarius«, eine Auszeichnung für die haarsträubendsten Plagiate des Jahres, könnte der Anfang sein.

Literaturverzeichnis

Abdelhamid, Selma, »Ein Ostwind wird Dich mitten auf dem Meer zerbrechen«. Phönizische Schiffswracks vom 8. bis 6. Jahrhundert v. Chr., Heidelberg 2009. http://archiv.ub.uni-heidelberg.de/propylaeumdok/volltexte/2011/1003.

Abulafia, David, Das Mittelmeer. Eine Biographie, Frankfurt 2013.

Ameling, Walter, Karthago. Studien zu Militär, Staat und Gesellschaft, München 1993.

Arslan, Murat, Piracy on the Southern Coast of Asia Minor and Mithridates Eupator, OLBA VIII, Mersin 2003, S. 195–211. https://www.academia.edu/3888417/Piracy_in_the_Southern_Coast_of_Asia_Minor_and_Mithridates_VI_Eupator.

Beltrame, Carlo und Valeria Vittorio, Roman Ship Carrying Marble: Were These Vessels in Some Way Special? In: Günsenin, Nergis (Hrsg.), Between Continents, ISBSA 12, Istanbul 2012, S. 141–148.

Bockius, Ronald, Schifffahrt und Schiffbau in der Antike, Sonderheft 2007, Archäologie in Deutschland, Stuttgart 2007.

Bohn, Robert, Die Piraten, 3. Auflage, München 2007.

Bubenheimer-Erhart, Frederike, Die Etrusker, Darmstadt 2014.

Casson, Lionel, The Ancient Mariners. Seafarers and Sea Fighters of the Mediterranean in Ancient Times, 2. Auflage, Princeton 1991.

Cavazutti, Luca, La pirateria nella navigazione antica. In: Giacobelli, M. (Hrsg.), Lezioni Fabio Faccenna, Bari 2004, S. 45–58.

Cavazutti, Luca, Nuovi rinvenimenti sottomarini per lo studio della pirateria, Archeologia Subacquea II, Roma 1997, S. 197–214.

Christ, Karl, Pompeius, der Feldherr Roms. Eine Biographie, München 2004.

Cristofani, Mauro (Hrsg.), Civiltà degli etruschi, Mailand 1985.

Daniel, Joshua A., Etruscan Amphorae and Trade in the Western Mediterranean, 800–400 B.C.E., Texas 2009, http://nautarch.tamu.edu/Theses/abstracts/daniel.html.

Gabrielsen, Vincent, Piracy and the Slave-Trade. In: Erskine, Andrew (Hrsg.), A Companion to the Hellenistic World, Oxford 2003, S. 389–404.

Gebhard, Rupert et al. (Hrsg.), Im Licht des Südens, München 2011.

Gianfrotta, Piero Alfredo, Commerci e pirateria: prime testimonianze archeologiche sottomarine, MEFRA 93, 1981, S. 227–242.

Grieb, Volker und Sabine Todt (Hrsg.), Piraterie von der Antike bis zur Gegenwart, Historische Mitteilungen, Beiheft 81, Stuttgart 2012.

Guttandin, Thomas et al., Inseln der Winde. Die maritime Kultur der bronzezeitlichen Ägäis, Heidelberg 2014.

Höckmann, Olaf, Antike Seefahrt, München 1985.

Höckmann, Olaf, Etruskische Schifffahrt. In: Jahrbuch des Römisch-Germanischen Zentralmuseums Mainz, Bd. 48, Nr. 2001, S. 227–308.

Hoff, Michael C. und Rhys F. Townsend, Rough Cilicia. New Historical and Archaeological Approaches, Oxford 2013.

Jaspert, Nikolas und Sebastian Kolditz (Hrsg.), Seeraub im Mittelmeerraum. Piraterie, Korsarentum und maritime Gewalt von der Antike bis zur Neuzeit, Mittelmeerstudien Bd. 3, Paderborn 2013.

Kempe, Michael, Schrecken der Ozeane. Eine kurze Globalgeschichte der Piraterie. http://www.bpb.de/apuz/149607/schrecken-der-ozeane-eine-kurze-globalgeschichte-der-piraterie, 2012.

Ladewig, Marco, Rom – Die antike Seerepublik, Potsdamer Altertumswissenschaftliche Beiträge 48, Stuttgart 2014.

Long, Luc, Miro, Jordi und Giuliano Volpe, Les épaves archaïques de la Pointe Lequin. http://www.researchgate.net/publication/280088281_Les_paves_archaques_de_la_pointe_Lequin.

Modler, Teresa, »Feinde aller« – Wie Staaten gegen Piraten vorgehen. Eine Darstellung antiker Problemlösungsansätze mit Blick auf die Gegenwart. In: Hofbauer, Martin (Hrsg.), Piraterie in der Geschichte, Potsdamer Schriften zur Militärgeschichte Bd. 21, Potsdam 2013.

Morrison, John, The Ship. Long Ships and Round Ships. Warfare and Trade in the Mediterranean 3000 BC–500 AD, National Maritime Museum, Ipswich 1980.

Morstadt, Bärbel, Die Phönizier, Darmstadt 2015.

Moscati, Sabatino, The Phoenicans, Venedig 1988.

Omerod, Henry A., Piracy in the Ancient World, 3. Auflage, London 1996.

Parker, Alan, Ancient Shipwrecks of the Mediterranean & the Roman Provinces, British Archaeological Reports (BAR) International Series 580, 1992.

Pettena, Giulia, Gli etruschi e il mare, Turin 2002.

Pohl, Hartel, Die römische Politik und die Piraterie im östlichen Mittelmeer vom 3. bis zum 1. Jh. v. Chr., Untersuchungen zur antiken Literatur und Geschichte 42, Berlin 1993.

Polzer, Mark, E., Hull Remains from the Pabuç Burnu Shipwreck and Early Transition in Archaic Greek Shipbuilding, August 2009. http://nautarch.tamu.edu/Theses/pdf-files/Polzer-MA2009.pdf.

Pomey, Patrice (Hrsg.), La navigation dans l'Antiquité, Aix-en-Provence 1997.

Rauh, Nicholas K. et al., Pirates in the Bay of Pamphylia: An Archaeological Inquiry. In: Oliver G. J. et al. The Sea in Antiquity, British Archaeological Reports (BAR) International Series 899, 2000, S. 151–180.

Robinson, Damian und Andrew Wilson (Hrsg.), Maritime Archaeology and Ancient Trade in the Mediterranean, Oxford Centre for Maritime Archaeology, Bd. 6, Oxford 2011.

Roder, Hartmut (Hrsg.), Piraten. Die Herren der Sieben Meere, Bremen 2000.

Schulz, Raimund, Die Antike und das Meer, Darmstadt 2005.

Schulz, Raimund, Zwischen Kooperation und Konfrontation. Die römische Weltreichsbildung und die Piraterie, Klio 82, 2000, S. 426–440.

Sestier, Jules, M. La Piratérie dans L'Antiquité, Paris 1880, Nachdruck Memphis 2012.

Sommer, Michael, Die Phönizier, Stuttgart 2005.

Souza, Philip de, Piracy in the Graeco-Roman World, Cambridge 1999.

Stefano, Giovanni di, Naufragi Camarinesi, Aristonothos 2, 2008, S. 177–191.

Wiemer, Hans-Ulrich, Krieg, Handel und Piraterie. Untersuchungen zur Geschichte des hellenistischen Rhodos, Beiheft Neue Folge 6. Berlin 2003.

Witt, Jann, M., Piraten. Eine Geschichte von der Antike bis heute, Darmstadt 2011.

Woudhuizen, Frederik C., The Ethnicity of the Sea Peoples, Rotterdam 2006. https://www.academia.edu/7287651/The_Ethnicity_of_the_Sea_Peoples_dissertation_.

Yalçin, Ünsal et al. (Hrsg.), Das Schiff von Uluburun. Welthandel vor 3000 Jahren, Bochum 2005.

Ziebarth, E., Beiträge zur Geschichte des Seeraubs und Seehandels im alten Griechenland, Hamburg 1929.

http://www.spiegel.de/panorama/justiz/urteil-im-piratenprozess-hamburg-a-861777.html.

http://www.spiegel.de/panorama/justiz/piratenprozess-hamburger-gericht-verhaengt-hohe-haftstrafen-a-862317.html.

http://www.faz.net/aktuell/stil/mode-design/produktpiraterie-die-lust-auf-die-faelschung-13343329.html.

http://www.handelsblatt.com/unternehmen/handel-konsumgueter/produktpiraterie-wie-faelschungen-der-wirtschaft-schaden/9798696.html.

http://www.markenverband.de/publikationen/studien/Studie%20von%20Ernst-Young%20Piraten%20des%2021.%20Jahrhunderts.pdf.

http://pks.vdma.org/documents/105969/1437332/VDMA%20Studie%20Produktpiraterie%202014_final.pdf/94453892-0f19-4afb-95d6-dcf0779a7651.

http://www.perseus.tufts.edu/
http://perseus.uchicago.edu/

Bildnachweis

S. 6: http://de.123rf.com / Oskari Porkka | S. 9: akg-images / Album / Warner Brothers | S. 10: Rolf Kneissl | S. 11: Wikimedia Commons / Bibi Saint-Pol | S. 13: Heidrun Derks | S. 14: Ulrike Campe | S. 16: bpk / The Metropolitan Museum of Art | S. 19: Wikimedia Commons / Olaf Tausch | S. 21: akg-images / John Hios | S. 22: Courtesy of the Institute of Nautical Archaeology, Don Frey | S. 23: www.flickr.com / Sarah Murray (CC BY-SA 2.0) | S. 25: akg-images / Erich Lessing | S. 26: akg-images / Gerard Degeorge | S. 28: Museum Whitacker, Mozia | S. 29: fotolia / Pictures news | S. 30: akg-images / Nimatallah | S. 31: akg-images / Bible Land Pictures / Z. Radovan / www.BibleLandPictures | S. 32: akg-images / Nimatallah | S. 33: akg-images / De Agostini Picture Lib. / A. Dagli Orti | S. 35: Richard Erich Lundgren | S. 36: bpk / The Trustees of the British Museum | S. 37: Entwurf Ronald Bockius, Zeichung Katja Hoelzl, Museum Antike Schifffahrt des RGZM Mainz | S. 39: Karen Radner | S. 40: de.fotolia.com / samott | S. 44: Heidrun Derks | S. 47: lessingimages.com | S. 50: akg-images / Erich Lessing | S. 54: Wikimedia Commons / Marie-Lan Nguyen | S. 57: Rolf Kneissl | S. 61: bpk / The Trustees of the British Museum | S. 67–69: Courtesy of the Kyrenia Ship Excavation, Susan Katzev | S. 71: Entwurf Ronald Bockius, Zeichung Katja Hoelzl, Museum Antike Schifffahrt des RGZM Mainz | S. 72: bpk / Scala | S. 74: akg-images | S. 76: bpk | S. 78: bpk | S. 79: Casson, Ships and Seafaring in ancient times, Abb. 38, 1994, 46, London | S. 80: akg / Bildarchiv Steffens | S. 83: akg-images / Erich Lessing | S. 84: de.fotolia.com / gudrin | S. 87: Heidrun Derks | S. 89: de.fotolia.com / anastasios71 | S. 91 o.: Rolf Kneissl | S. 91 u.: bpk / Antikensammlung, SMB / Johannes Laurentius | S. 92: bpk / Alfredo Dagli Orti | S. 93: Fritz Rudolf Künker GmbH & Co. KG, Osnabrück" - „Lübke & Wiedemann, Stuttgart" | S. 99: Museo archeologico Nazionali de Napoli | S. 100: Salvo Emma, Soprintendenza del Mare | S. 104: ARGO 2014, B. Seymour (Dr. Brendan Foley, Deep Submergence Laboratory, Woods Hole, USA) | S. 105: Bruce Hartzler © University of Cyprus | S. 106: www.flickr.com / European Union Naval Force Somalia Operation Atalanta (CC BY-ND 2.0).